PATRICIA ARMENDÁRIZ

ALPINISTA
DE SUEÑOS

LOS 8 PODERES DEL EMPRENDEDOR

Alpinista de sueños
Los 8 poderes del emprendedor

Primera edición: octubre, 2021

D. R. © 2020, Patricia Armendáriz

D. R. © 2021, derechos de edición mundiales en lengua castellana:
Penguin Random House Grupo Editorial, S. A. de C. V.
Blvd. Miguel de Cervantes Saavedra núm. 301, 1er piso,
colonia Granada, alcaldía Miguel Hidalgo, C. P. 11520,
Ciudad de México

penguinlibros.com

Scarlet Perea, por el diseño de portada e interiores
Fotografías de interiores, archivo personal de la autora

ISBN: 978-607-319-204-0

Impreso en México – *Printed in Mexico*

A María y Juliana, mis hijas, mi base.

Con inmenso amor a mis nietos Gerónimo, Lorenza, Nicolás y Camilo, porque su mirada profunda e inocente, su alegría y energía primaria me han hecho creer aún más en nuestro futuro como seres humanos.

A mis hermanos, con mi profundo agradecimiento por su compañía, generosidad y apoyo.

A la memoria de mis padres, María Luisa y Gustavo, por su simiente, sus cimientos y su amor incondicional.

A mí misma, porque mis sueños no terminen nunca.

INTRODUCCIÓN

«Escaladora de montañas» contesté en aquel ejercicio de desarrollo personal en el que nos pedían que nos describiéramos en tres palabras. Y es que a lo largo de mi vida, las metas que me he puesto, sean de índole personal o profesional, han significado, en su inicio, sueños a modo de montañas imaginadas desde el suelo firme, reflexiones sobre la estrategia para subirlas, ganar fuerzas y recuperar el aliento, pero, sobre todo, determinación para vencer todos los obstáculos que nos encontremos, inspirados por la cima que nos espera, el sueño a cumplir.

Esta recurrencia periódica de montañas que he escalado a lo largo de los años no es diferente de la movilidad social a la que aspiramos los mexicanos: el ascenso hacia condiciones mejores de vida. Apoyar los sueños de los mexicanos ha sido mi constante inspiración, mi hilo conductor, mi misión en esta tierra y en este país. Los sueños escalados conforman el paisaje de mi vida.

El desarrollo profesional está íntimamente ligado con nuestro desarrollo personal. Contar mi ascenso en uno sería inútil si no lo acompaño de mi viaje por la vida, porque las circunstancias personales marcan nuestra ruta. También refuerzo mi convicción de que no seremos buenos emprendedores ni empresarios si no consideramos el contexto nacional en el que nuestras acciones se deben planear y ejecutar. Así que acompaño mi experiencia con el análisis del país que me tocó vivir.

Es por eso que las experiencias que dan matices a mi existencia y que he decidido compartir en este libro siguen siete ejes, los cuales serán de interés al tipo de audiencia correspondiente:

- Mis lecciones como emprendedora y como mentora.
- Los conceptos, enseñanzas y estrategias personales, derivadas de mis vivencias y que han matizado mis escalamientos, para vencer obstáculos de cualquier naturaleza.
- Los contextos históricos nacionales en los que me desarrollé, los cuales analizo como economista.
- Mis anécdotas del papel que jugué en el mundo financiero mexicano, en la apertura de los servicios financieros del TLC y el rescate bancario que ocurrió a partir de nuestra crisis de 1994, con la intención de que el público especializado en la materia cuente con material para documentar ambos hechos históricos de nuestro país.
- Mi camino hacia encontrar la fortaleza de mi femineidad al abrirme paso en el masculino mundo corporativo, de las finanzas y del emprendimiento.
- Mis conocimientos de banca y empresa acumulados durante toda mi vida profesional.

Alpinista de sueños está dividido en 8 capítulos, cada uno dedicado a un principio o poder que he aprendido a reconocer como necesario para mis escalamientos.

El primero aborda el poder de la escasez. En él trato de inspirar al emprendedor para usar las carencias a su favor. Delineo a través de mi historia cómo ésta catapulta nuestra creatividad y posibilidades de alcanzar nuestras metas, y, por el contrario, la abundancia puede llevarnos a catástrofes inéditas. También aplico el concepto de *escasez productiva* en la política económica mexicana, la cual nos llevó como individuos a una época floreciente, en contraste con la época de derroche y declive que le siguió.

El capítulo dos se lo dedico al poder de la misión en nuestras vidas. Y es que estoy convencida de que todos nacemos regidos por un hilo conductor muy particular a cada uno que nos impulsa y da fuerza y dirección hacia arriba. En él, a fuerza de querer ser didáctica, trato de ser muy explícita en la secuencia de hechos de mi vida que hacen obvio su trazo: cómo lo seguí inconscientemente, cómo lo hice consciente y cómo el poder de encontrarlo les ha dado más determinación a mis ascensos.

El capítulo tres se lo dedico al poder de la femineidad y a las amazonas de mi género. Los poderes que conforman de manera única nuestra naturaleza femenina los fui descubriendo a lo largo de mis escalamientos en un ambiente preponderantemente masculino, con la esperanza de empoderar a las mujeres profesionistas y emprendedoras. También trato de mostrar a lo largo del libro cómo el poder de las amazonas que me han acompañado impactó definitivamente en mí y en el vigor y la certidumbre de los principios que aquí enumero.

El capítulo cuatro se dedica a la importancia de desarrollar una conciencia profunda y cotidiana de identificar, medir, prevenir y administrar los riesgos inevitables de caídas que pueden ser mortales en nuestros escalamientos, que pueden trastocar nuestros destinos de luz y llevarnos a crisis recurrentes que amenazan con ensombrecer nuestros emprendimientos o a abandonarlos. Descubrí el poder del riesgo en mi papel de reguladora bancaria y en este capítulo trato de mostrar cómo éste aplica al ámbito del emprendimiento y de la vida misma. También delineo las consecuencias macroeconómicas de un inadecuado manejo de riesgo a nivel país, el cual nos han afectado a todos en lo individual. Es aquí donde trato de ser lo más apegada a mi realidad histórica, lo que me llevó a jugar un papel preponderante en la resolución de la crisis bancaria que sacudió al país a partir de diciembre de 1994.

El capítulo cinco se centra en el proverbial poder del fracaso que acompaña a todo emprendedor y que nos premia con la experiencia para seguir escalando cada vez con más certidumbre. Asimismo, describo cómo nuestra historia como país puede contarse como una de fracasos y aprendizajes de políticas económicas que dinámicamente han precedido una a la otra.

El capítulo seis resume todas mis lecciones aprendidas en un poder que no puede sustituirse: la experiencia. Trato de inspirar y advertir al emprendedor que incurre en la ingenuidad de considerar que sólo su ímpetu lo sacará adelante, mientras que es realmente la acumulación de fracasos lo que nos da la experiencia, un contrabalance del ímpetu de querernos comer el mundo de un solo bocado. En este sentido, de manera importante recomiendo adoptar el huso horario del sistema *kairós*, donde los resultados se dan cuando se dan, sin pretender que podemos controlar sus tiempos de maduración. Esta actitud nos ayuda a ser más ecuánimes y frustrarnos menos ante los recobecos inesperados de nuestro ascenso. En este capítulo se subsume mi experiencia para finalmente sembrar mis banderas en una cima empresarial que se llama Financiera Sustentable, la expresión más palpable de mis aspiraciones más profundas de ser una alternativa viable de oferta de servicios financieros para los que menos tienen con el fin de que logren adelantar su consumo para así apalancar su desarrollo como individuos desde el emprendimiento o para posponerlo mediante productos de ahorro y así cumplir sus sueños a largo plazo.

El capítulo siete enfatiza —de manera posiblemente inesperada para el lector— el poder de la espiritualidad, como un arma de crecimiento de nuestro centro interno que nos mantiene verticales durante nuestros ascensos, y los diferentes métodos que he encontrado para desarrollar mi propia espiritualidad.

Finalmente, el capítulo ocho recomienda usar el poder de la mentoría para identificar a nuestros guías, cultivarlos y seguirlos a partir de la empatía y amor por nuestro proyecto de vida. Asimismo, incluyo algunas experiencias como jueza de Shark Tank México.

Les deseo a todos extraordinarios ascensos y maravillosas vistas desde la cima.

PATRICIA ARMENDÁRIZ

DEDICO ESTE CAPÍTULO A TODOS
LOS **EMPRENDEDORES.**

EL PODER
DE LA ESCASEZ

Capítulo 1

«EL HOMBRE ES RICO DESDE QUE SE HA FAMILIARIZADO CON LA ESCASEZ.»

EPICURO

Nací en Comitán, Chiapas, una comunidad en aquel entonces de unos 25 000 habitantes, en su mayoría agricultores, en el seno de una de las pocas familias de la comunidad que se consideraban de apellido, por su arraigo moral en la comunidad; por lo general, descendientes de personajes que habían sido dueños de haciendas, educados, que se turnaban las regencias políticas del pueblo. La particularidad de mi familia era que, si bien pertenecía a ese círculo selecto, no teníamos dinero, afortunadamente. Y digo afortunadamente porque mi papá no tuvo que luchar mucho para que nos rigiera la ley del esfuerzo. No nos quedaba de otra.

Teníamos la convicción de que no merecíamos nada, de que todo nos tendría que costar. Esa ley ha imperado en toda mi vida: si quieres algo, debes trabajar para lograrlo. No hay dinero fácil, más que el ilícito. Si ser millonario por esfuerzo propio fuera fácil, todo mundo podría lograrlo. «¿Sabes lo que verdaderamente significa un millón de pesos? —solía repetirnos mi papá— El solo hecho de contarlo significa un esfuerzo, ¡qué de menos ganarlo!»

Mi maestro del doctorado y mentor, Edmund Phelps, Premio Nobel de Economía, en su celebrado libro *Mass flourishings* estudia una época de la historia de los Estados Unidos donde la crisis generalizada de los años 30 hizo que los individuos sacaran lo mejor de sí mismos para crearse mejores condiciones, a través de la innovación, pues generaba en ellos un sentimiento generalizado de satisfacción. Ese acontecimiento histórico puede aplicarse como metáfora a gran parte de mi vida: mi inventiva y creatividad han sido satisfactores de todo tipo de necesidades, y en el camino también me han traído alegrías y realización personal.

NO HAY LÍMITES PARA EL INGENIO

Descubrí que no existía Santa Claus al escuchar las discusiones entre mis papás para ver de dónde saldría el recurso para tan siquiera un juguete debajo del arbolito. «No hay para eso» era siempre la dolorosa expresión de mi papá cuando le pedíamos algo fuera de nuestro alcance; *no hay* significaba un reto a nuestra imaginación para que hiciéramos posible lo que queríamos.

En su lugar, con mi abuela aprendí a tejer con gancho muñecas, tapetes, bufandas; mis propios regalos de navidad o de cumpleaños, hechos con estambres de las medias rotas. Nuestra primera muñeca de plástico disfrutó innumerables colecciones de ropa que le fabricábamos a hilo y aguja

—herramientas que todas las niñas aprendimos a usar diestramente—, con trapos viejos teñidos con hojas de buganvilia exprimidas y botones que mamá coleccionaba en una cajita.

Para el 10 de mayo pegaba en un bote de basura recortes de alguna revista alusivos a la fecha, le pasaba brochazos de café para simular un acabado antiguo y circundaba la figura con un marco de terciopelo e hilo dorado. Lo acompañaba de una cartulina blanca doblada donde escribía con pegamento blanco y brillantina «Mamita, te quiero mucho» o «Felicidades, abuelita», como dice una de las fundas bordadas que conservo todavía. Así desarrollé el gusto de regalar algo hecho por mí y la satisfacción de ver el trabajo y destreza de mis manos. Ejercer nuestra creatividad para fabricar algo no necesariamente idéntico a lo que deseamos y que no podemos comprar por falta del recurso económico, nos provee de una gran satisfacción. La creatividad es una necesidad humana.

Mis hermanos y yo pasábamos horas enteras tomando turnos para darle vueltas al patio en la bicicleta usada que nos había regalado el tío abuelo. Guardábamos como tesoros las matatenas y las canicas para disfrutarlas por tardes interminables. Éramos reinas adornadas con las sábanas que salían para la lavandería o las convertíamos en tiendas de campaña que nos daban privacidad para contar chistes colorados.

Descubrí la química entre experimentos para colar el agua de lluvia de distintas turbiedades, dependiendo del charco de recolección. Registraba los bichos que se podían quedar en los coladores y los observaba en el microscopio de plástico que alguien me regaló. Descomponía los juguetes de mis hermanos para ver cómo funcionaban. Me metía a la cocina a inventar brebajes con mi nana Chofi.

La comida de mi casa era muy sencilla, pero yo creía que no era necesario que fuera tan aburridamente repetitiva si se mezclaban los ingredientes de manera ingeniosa, así que aprendí a cocinar platillos sofisticados. En el pueblo no había ni siquiera una pizzería; las mías, para deleite de todos mis hermanos, eran las mejores —o más bien las únicas—. Un día encontré debajo de la palmera de mi casa una cubeta con caracoles y los cociné en un delicioso caldo de escargots. Sin embargo, esta vez el platillo fue una tragedia total. No sabía que aquellos caracoles eran mascotas de mi hermana mayor, quien los había recogido en el arroyo de nuestro rancho. La comida de ese día se convirtió en un funeral y obviamente recibí el reproche de toda mi familia por semejante caracolicidio. Entendí que el impulso de hacer debe atemperarse por el respeto a la propiedad y derechos de los demás.

Gastábamos poco en medicinas. La herbolaria disponible y los ungüentos de mi nana Anita curaban casi todo.

Diariamente llegaba la leche del rancho, a veces un cerdo ya grande o una canasta de huevos. Mi mamá con sus manos quemadas que alguna vez fueron de señorita consentida aprendió a hacer quesillo. Hervía botes y botes de leche entera con pastillas que cuajaban el líquido y, una vez listo, repartíamos las bolas del queso de hebra local entre nuestros amigos como muestra de su éxito como cocinera, porque en la elaboración de otros platillos mamá nunca fue buena.

Tampoco fue así con sus habilidades manuales. Por más que tratara de vestirnos con hechuras de su confección tejidas con su amor, no heredó ni desarrolló la destreza de mi abuela para el gancho y la aguja, quien, en cambio, nos regalaba el vestido más primoroso para nuestro cumpleaños. Llegaba de San Cristóbal como hada madrina con el atuendo completo, incluidos los zapatos de charol que lustrábamos con aceite de la cocina. De parte de mamá, los cumpleañeros teníamos derecho a pedir como regalo nuestro platillo favorito. El mío siempre fueron las manitas de cerdo a la vinagreta.

Esa ilusión de lucir ropa nueva para salir los domingos me hacía querer más. Así que transformaba las prendas que mis tías dejaban en sus buhardillas en vestidos a la moda: recortaba las faldas para volverlas minifaldas, modernizaba los vestidos o sacos. Si lograba hacerme un guardarropa que me duraba toda la semana, una pieza por gancho para cada uno de los siete días, me ufanaba y me sentía satisfecha.

La creatividad de la escasez se notaba en todas las casas del pueblo. Cuando quise mi propia oficina, que era más un escondite en la casa que un lugar de trabajo, con ladrillos y tablas de deshecho hice mis libreros; convertía en asientos los botes con los que mi abuelo transportaba sus polvos de farmacia. Mi tía, la que vivía frente a mi casa, había hecho de una llanta de bicicleta su tendedero de ropa y el perchero de mi loro favorito que decía groserías a diestra y siniestra. Las señoras hacendosas fabricaban sus mejores macetas de orquídeas ahuecando pedazos de madera. Los olorosos huertos de las casas eran motivos de concurso para ver quién lograba los frutos y flores más exóticos con ingeniosos injertos. Los regalos cruzaban cotidianamente el vecindario en forma de exquisitos platillos orgullosamente exhibidos por sus creadoras. A falta de figuras caras de nacimientos, los revivíamos con ingeniosas pastorelas donde la representación de la Virgen María era el premio principal entre las niñas del pueblo. Nuestra comunidad generaba una buena vida, llena de satisfacciones logradas con puro ingenio y poca necesidad de dinero para alcanzarla. La escasez hace que disfrutemos cualquier recurso disponible.

Por el contrario, cuando había dinero yo no sabía qué hacer con él. Cuando mi papá logró establecer un pequeño negocio de venta de fertilizante al menudeo, comenzó a manejar mucho efectivo en la gaveta de su escritorio. Yo tomaba puñados de pesos de papel y me los metía en el zapato para ver si algo se me antojaba en el camino a la escuela. Durante el día los perdía y regresaba por más, pero en realidad nunca tuve la necesidad real de usarlos para darme algún gustito.

Todo lo tenía. Mi práctica rapaz tuvo que terminar cuando en una reunión social de mi papá con sus amigos me exhibió diciendo que no sabía qué necesidades tan importantes tenía su hijita Patricia que todos los días sustraía de su gaveta sendas cantidades de billetes. Santo remedio. No lo volví a hacer. Aprendí que el dinero fácil no tiene fines útiles, y que, por el contrario, quien lo genera con su esfuerzo lo vigila celosamente y lo dedica a satisfacer sus prioridades de escasez para generar más riqueza.

En su lugar, descubrí otro camino para hacerme de unos centavos. La necesidad de algunos recursos para la materia prima de mis regalos me llevó a mi primer emprendimiento. Excavaba en el jardín para recolectar pequeños pedazos de barro de vajillas rotas a través del tiempo, mismos que vendía con el señor que hacía mosaicos para el piso con incrustaciones. Ese dinerito también me servía para mis excursiones diarias a la tiendita de la esquina para comprarme un chicle Motita o varios, si me alcanzaba para compartirlos con mis hermanos. La delicia del disfrute de un dulce obtenido con esfuerzo me hizo entender a los sibaritas. Sólo que para mí un placer caro era aquel que disfrutaba después de habérmelo ganado. Últimamente los placeres más sofisticados los obtengo de mi convivencia con las naturalezas más primitivas.

Más tarde, cuando me fui a la Ciudad de México a vivir con mi abuela paterna para estudiar la carrera de Actuaría, no había más recursos financieros que los escasos 10 pesos diarios que me mandaba papá para comer algo en la universidad. Para poder hacerme de algo de dinero para los fines de semana, comencé a vender enciclopedias. Aprendí en ese entonces algo de los secretos del arte de vender, los estímulos verbales diarios de los jefes de grupo hacia sus fuerzas comerciales, los incentivos para los que lográbamos nuestras metas. Con lo ganado podía comprarme el atuendo que habría de presumir en mis vacaciones en Comitán.

En mis trayectos hacia mi pueblo, en la penúltima parada del camión después de más de 12 horas, me bajaba al baño y me ponía mi ropa nueva de terlenka para llegar dignamente vestida a mi casa. La venta de enciclopedias alcanzaba para eso, pero nada más.

En una ocasión me mandaron a mi hermana Rosa Ana para que me hiciera cargo de ella durante una Semana Santa, mientras todos mis compañeros se habían ido a Acapulco. No había para eso, pero yo quería llevar a mi hermana a algún lado. Le temblaban las piernitas cuando la mandé sola al Monte de Piedad a empeñar unas joyitas que me habían regalado en mis quince años. Pobrecita. Nunca las recuperé, pero me hice de algunos recursos para unas merecidas vacaciones en Ciudad de México con mi hermanita menor. El acceso limitado a recursos materiales nos hace disfrutarlos mil veces más que cuando tenemos menos límites en ellos.

«Papi, me quiero ir a estudiar a Estados Unidos», le dijo un día inocentemente mi hermana Beatriz. En el periódico, lo único que nunca faltaba en la casa, encontraron una convocatoria para escribir un ensayo sobre la Independencia de México y el premio era un viaje de intercambio estudiantil a Estados Unidos. Papá y Beatriz se encerraron más de una semana a escribir el famoso texto que resultó premiado, porque si algo tenía papá era buena pluma y si en algo destacaba mi hermana era en tesonería para lograr sus metas. Así Beatriz se fue a Estados Unidos un año, donde la acogió una familia con quien hasta ahora mantiene contacto. Su estancia sirvió de escalón hacia su siguiente obsesión: estudiar un posgrado en Harvard. Y lo logró.

Unos años después, sucedió una situación similar cuando me fui a estudiar a Inglaterra. Mi papá se convirtió en la mano derecha de Juan Sabines, entonces gobernador de Chiapas, y mi hermana menor, María Luisa, ni tarda ni perezosa le pidió dinero para ir a visitarme. Logró 100 dólares con su audacia, pero no nos alcanzaría para el viaje que quería hacer con mis hermanas por Europa. Así que invitamos a la tía Josefina a que nos acompañara; era hija de la hermana mayor de mi papá, pero le decíamos «tía» porque nos llevaba muchísimos años. La hermana mayor de mi papá, la tía Mary, se había casado con el boticario del pueblo que se había hecho de una pequeña fortuna con sus recetas hechas *ad-hoc* que vendía a los campesinos del pueblo y lo único que su hija, la tía Josefina quiso en su vida de soltería era conocer al Papa. La tía en cierta manera subsidió nuestro viaje, porque le asignamos una tarifa de 300 dólares por mi guía. Suficientes para el itinerario.

Así llegaron mis tres hermanas y la tía Josefina a Londres a partir a nuestra aventura. Con el carrito que me había comprado con mis ahorros de mis dos años de trabajo antes de viajar a Inglaterra y 400 dólares en total nos fuimos diez días por Europa. Renté un pequeño remolque, una tienda de campaña, catres, cobijas, una hornilla, e hicimos el viaje más divertido e inolvidable. En las autopistas de Italia cortábamos uvas para regalárselas a los guardias de las casetas para que nos perdonaran el peaje. En Verona, la coquetería de mi hermana Beatriz logró que nos dejaran entrar a su coliseo a ver Romeo y Julieta. Incluso un italiano enamorado de mi hermana fue nuestro anfitrión, y otros rápidamente acapararon nuestra atención ofreciéndonos asientos mientras la pobre tía presenció la obra agarrada de un poste. En las mañanas y noches repartíamos entre nosotras latas de frijoles dulces como nuestro único alimento. Ningún viaje a Europa que haya hecho después se asemeja a esas maravillosas vacaciones de escasez con mis hermanas y la tía Josefina en mi Mazda rojo.

En otra etapa de mi vida, viví en Nueva York. Me casé con un bróker que apostaba diario en la bolsa de Nueva York para mantenernos. Tenía a mis dos hijas y estudiaba el doctorado en Economía. Esta vez le tocó a mi marido decirme «para eso no hay» —en realidad muy pocos residentes pueden disfrutar del glamour de esta emblemática ciudad—: a duras penas pudimos juntar para el enganche de una casa en los suburbios de Nueva York con una promesa de jardín en una empinada ladera que empezaba detrás de la casa. Pues, —¿por qué no?— cada fin de semana yo sola me armaba de una pala y le ganaba un metro a la ladera aquella para lograr tener mi jardín. La que más disfrutaba mis palazos de tierra era mi hija Juliana que apenas tenía dos años y le encantaba comerse a la naturaleza —flores, en particular— y hacer pasteles de tierra. Era mi fiel compañera en mi aventura de tener nuestro jardín.

Durante esos años me di cuenta de que el consumismo de los estadounidenses era un motor retroalimentador de desarrollo. De las cosas que más me impresionaban al principio era la cantidad de revistas gratis que nos llegaban y anunciaban los artefactos más insólitos para hacernos la vida fácil. Nos creaban la necesidad de todo.

A Nueva York le debo mi gusto por la ropa rara e insólita, pero para eso no había dinero en la casa. Apenas mi marido podía comprarme de vez en cuando una prenda aceptable, pero no como me gustaban. En esta etapa de la vida volví a la estrategia de mi infancia de crearme aquello para lo que no había. Compré una máquina de coser y tela, y me divertí tanto haciendo mi propia ropa rara, atrevida, artística, única. Me iba a las tiendas más sofisticadas de diseñadores, como Bergdorf and Goodman, y con cámara escondida tomaba fotos de los diseños que me gustaban. Después me iba a Lower East Side a conseguir los sobrantes de las telas originales de los diseños de escaparate, así me podía vestir con hechuras mías con los diseños más atrevidos, ¡podía crear y tomarle el pelo al consumismo, invirtiendo décimas del valor de los atuendos originales! ¡La satisfacción más enorme!

#CONSEJO:

El acceso limitado a los recursos es una puerta o una barrera. Deja que la *ley del esfuerzo* detone tu creatividad.

LA CASA QUE DEBIÓ SER NUESTRO OMBLIGO

La casa donde nací también fue el hogar donde mi abuela había dado a luz a mi papá, el tercero de ocho hijos, quien adquirió la mitad de la propiedad; la otra se la quedó su hermano Mariano. Tenía un patio central con los típicos pilares comitecos de madera, labrados a mano. Lo primero que pudo construir fue su oficina, que estaba entrando a mano izquierda. Desde ahí se apostó pistola en mano esperando a su agresora, la víspera de nuestra partida definitiva de aquel hogar que nos vio nacer.

Como en todas las casas de su época, la sala principal tenía un radio empotrado en un mueble de caoba, que también contaba con un tocadiscos. A su alrededor, la familia se reunía todas las noches, convocada por mi mamá, a escuchar el programa de mi papá, en el cual presentaba principios básicos de civismo comunitario. Después, mamá ponía sus canciones favoritas de Agustín Lara —me sé todas gracias a ella— y luego nos dejaba escuchar algún cuento o canciones de Cri-Cri. Con "ahí viene la A con sus dos patitas muy abiertas al pasar" me iba a dormir.

La hilera de habitaciones comenzaba con la de mi hermana Georgina y mía, que daba a la calle, lo que era conveniente para que le llevaran serenatas con marimbas. Seguía un baño común con un clóset y otros dos cuartos, uno para las mujeres restantes —Rosa Ana, Beatriz, María Luisa— y otra para los niños —Rubén y Gustavo—. La recámara de mis papás tenía su propio baño, el cual apenas mi padre alcanzó a terminar antes de que abandonáramos esa casa. Mi mamá se metía en traje de baño e íbamos pasando uno a uno a recibir nuestra dosis de champú, jabón y agua y para afuera, para ser recibidos por nuestra nana en nuestra toalla. Tal vez por eso hasta la fecha me doy baños de gato; desde niña estaba consciente de que el agua es escasa.

Una de las puertas del pasillo daba a una amplia terraza que nunca se terminó. A la derecha había un proyecto castillesco que creo que papá quería que fuera un salón social, de piedra y ventanas estilo medieval. Se comunicaba con una planta baja donde él tenía otro proyecto de bar que daba a un solar con un higo hermoso y un cobertizo de chayote —con una estructura de palitos, los chayotes que crecen como higueras se van enredando hasta formar una estructura bajo la cual podíamos jugar a las casitas—. Mi hermana Georgina, la única que no había sido afectada por el miedo de los cuentos de demonios de nuestras nanas, valientemente iba a ahí a meditar en sus albores de adolescencia, en noches de luna llena. Antes de la construcción de esa masa de cemento había habido una solariega cocina y un tejado que alcanzaba a cubrir la sombra de un naranjo, que yo utilizaba para esconderme con mi mico Titi mientras escuchaba a mi mamá llamarme y amenazar con un castigo por alguna travesura que hubiera hecho.

La otra puerta llevaba a un corredor amplio donde comíamos. Tenía una amplia chimenea y el marco para un escudo de armas de la familia Armendáriz que jamás llegó a colocarse. Todos los pasillos estaban centrados en un pequeño patio que veía inmenso de chiquita. Tenía una hermosa palmera chaparra de tronco ancho y, entre sus hojas secas, la colección de orquídeas de mi padre disfrutaba de su sombra.

Esa casa donde mi papá ejerció toda su creatividad con los productos de su propia escasez económica es ahora un museo.

La municipalidad cree que fue habitada por monjes en el siglo XVI. En las escaleras que daban al bar, mi papá había pintado con cal una copia de un monje escribano de esa época. El presidente municipal juraba que era un fresco original de dicho siglo. Ese museo debió continuar siendo nuestro ombligo al cual yo podría acudir a bendecir mis orígenes humildes sencillos y amorosos, un ombligo del que fuimos expulsados.

La esposa de mi tío Mariano, quien vivía al lado, había sido abandonada por mi tío en una huida por razones que desconozco. Un día apareció apostada en el tejado de su casa con un rifle, gritando maledicencias a mi papá y amenazando con matar al primero de nosotros que asomara las narices al patio. Ella afirmaba que mi papá era el culpable de que mi tío la hubiera abandonado. Luego, se bajó y comenzó a marchar enfrente de mi casa hasta que mi papá abrió las puertas de nuestro amplio zaguán, se sentó en un sillón con una pistola en la mano y dijo: «Si entra, la mato», lo cual afortunadamente nunca sucedió.

Yo tenía que irme pronto de regreso a Ciudad de México para alivio de mi papá; un peligro menos para las amenazas de la tía. Sin embargo, ese evento nos enfrentó nuevamente con la escasez. A la madrugada siguiente mi papá subió a toda mi familia en su camioncito de redilas y se fue a depositarlos a casa de mi abuelita María, en San Cristóbal, quien en su estupor lo único que pudo ofrecernos fue una especie de bodega para que todos, excepto mis papás, pudiéramos dormir. Rosa Ana que era mi fiel mosquetera, mi Sancho Panza, me acompañó al mercado a comprar una tela amarilla que decoramos con calcomanías de honguitos para hacer toda suerte de divisiones en la bodega a modo de cuartos para al menos dividir la sección para varones de la de mujeres. Beatriz cuenta que, al dejarla, papá le prometió que algún día nos repondría una casa familiar, lo que hizo años después gracias a que cambió de giro en sus siembras —dejó el maíz por el algodón— y le dio la holgura con la que mis padres vivieron el resto de su vida.

Esa bodega, nuestro único lugar de encuentro y charlas nocturnas en las que cada uno de nosotros compartía sus sueños, aventuras, miedos y anécdotas del día nos dio la unión que hasta ahora nos caracteriza. Bendita Escasez. Cuántas cosas tengo que agradecerle.

LA ESCASEZ ES UN CAMINO

En época de siembra, mi papá se volvía observador del cielo. Se pasaba noches enteras viéndolo, tratando de predecir si habría agua para su milpa. Las cuaresmas se alargaban para su deleite o sufrimiento, dependiendo de si las lluvias se habían adelantado. Como consecuencia de una mala coincidencia entre el tiempo de siembra y el de lluvias, su sembradío se anegaría o habría sequía. Muy pocos años, que yo recuerde, le atinaba. Cuando era así, pagaba sus deudas y construía un cuarto más en la casa. Crecimos entre albañiles y el sueño de mi papá de algún día poder terminar su proyecto de un hogar a su estilo, grandioso como todos sus proyectos. Convivir con ellos nos enseñó que, si en mi familia había escasez, en la de ellos, más. En sus ollas de peltre sobrepuestas una a la otra llevaban sus frijoles y tortillas. Disfrutaban esos platillos olorosos de hierbas de sus propios huertos, cocinados amorosamente por sus mujeres con tal deleite que me asombraba y embelesaba.

Nuestra Señora era un rancho de mi abuelo que mi papá ofreció sostener a su muerte para que mi abuela pudiera trasladarse a la Ciudad de México con el resto de mis tíos para darles mejor educación. Cuando tenía cuatro o cinco añitos, pasábamos largas temporadas ahí y convivíamos con los trabajadores, sus esposas y sus niños. Salían a recibirnos desde el crucero de la entrada al rancho con maitines —grupos de música básica de flautas, violines y tambores— y se reunían cuando mi mamá les traía algo de ropa usada por nosotros o quizá algún libro. Mi hermana Georgina se instalaba en un árbol a catequizar a los niños; la recuerdo exclamando: «¿Dónde está Dios?», a lo que algún niño travieso le contestaba para mi deleite: «Dios está parado en aquel árbol de jocote». Pocos años después papá perdió Nuestra Señora porque a mi abuela no le alcanzaba la pírrica mensualidad que le podía enviar. Decidió venderlo, para gran desaliento de mi papá, quien ya había invertido en infraestructura para mejorar su productividad.

Más tarde pudo hacerse de otra hacienda llamada Tepancuapan que aún existe en las mismas condiciones, como una fotografía enmarcada en el tiempo. Desgraciadamente, se tuvo que vender el casco y nos quedamos con su parte más productiva, Bolom-Ha, que quería decir 'Agua del Tigre', explicaría mi papá más adelante en la *Mayología* que alcanzó a dejar hacia el final de su vida, publicada en el Fondo de Cultura Económica. Pero, Bolomá, como le decíamos, no tenía casa. Si lo nuestro en la ciudad era escasez, aquí obviamente era otro nivel; si nuestros juegos eran barquitos de papel que echábamos a los arroyos de las calles empedradas cuando llovía, en el rancho ni papel había.

Como papá no tenía dinero para mandarnos a la playa como los demás niños pudientes del pueblo, nos llevaba de vacaciones a la selva, a coleccionar orquídeas. El capataz del rancho, el compadre Chalón, nos llevaba a acampar a la selva Lacandona cuando ésta abarcaba desde los lagos de Montebello hasta el Usumacinta. Años después la perderíamos gracias al descaro de Cofolasa, una explotadora de maderas preciosas propiedad del gobierno, en la época de abundancia petrolera; periodo histórico que inspiró aquella ilustración de Anguiano del lacandón en una selva devastada, quitándose una espina de la planta del pie que apareció en las portadas de nuestros libros de texto gratuitos.

Acampábamos debajo de cualquier árbol. Así como la humedad de la hojarasca nos abría los poros, lo hacía con nuestros sentidos. Las alturas infinitas de las ceibas las asimilaba como un sendero hacia el cielo. Las lianas colgantes nos servían de columpios seguros. Las grandes hojas de los helechos se volvían los abanicos de nuestras puestas en escena de historias de faraones egipcios. Jugábamos con palitos, piedritas, animalitos silvestres y el viento para elevar nuestros improvisados papalotes de trapo.

Si mi vida era sencilla en Comitán, la de los hijos del capataz lo era aún más. Sus juegos eran con la naturaleza: piedras, pájaros, animales raros, viento y árboles. Su exquisita comida se ahumaba con el humo de palos en el suelo; las tortillas recién hechas, los frijoles y los huevos del rancho eran una delicia. Alrededor de su cocina se reunían todos sentados en la tierra a comentar su cotidianidad: la enfermedad de alguien, la sequía o la lluvia que afectaban las cosechas.

La convivencia en las casas de paja alrededor de la matriarca Nana Matilde, del capataz, su esposa, y todos sus hijitos de los que fuimos sus padrinos y que hasta la fecha vemos, fue una parte fundamental de mis años de formación. Ella me metió en la cabeza a fuerza de repetirlo como un mantra que se necesita poco para ser feliz: salud, familia, alimentación y un poquito de dinero para lo indispensable. La escasez nunca fue una barrera; al contrario, despertó en mí un profundo sentimiento de solidaridad y me reveló la fuerza y el motivo principal de mi vida: ayudarlos.

LOS SUEÑOS SE ALIMENTAN DE ESCASEZ

Siempre tuve el sueño de estudiar en Inglaterra, un anhelo derivado de una larga relación platónica con Sir Winston Churchill, el héroe en casa instaurado por mi papá. En sus correrías, desde muy pequeño se escapó de su casa, lo llevaron a Ciudad de México y de ahí, huyendo de un enamorado homosexual, subió al Tampico, el famoso buque nodriza de barcos petroleros que tuvo un papel protagónico cuando México le declaró la guerra a Alemania durante la segunda Guerra Mundial. Durante esa época aventurera, papá dio seguimiento puntual a las heroicas gestas de defensa de Inglaterra y Francia de los alemanes. En consecuencia, aprendió a admirar al entonces primer ministro británico. Nuestras veladas juntos donde él recordaba su época de la guerra hicieron que nunca haya necesitado yo ir al cine a ver alguna de las innumerables películas que se han filmado sobre el tema, las anécdotas de mi papá han sido mucho mejores. Y ahí estaba, como personaje central de mis películas, Sir Winston Churchill y su Albión —antiguo nombre de Gran Bretaña— que lo inspiró como el gran patriota y estadista que fue.

Para completar mi fantasía de Inglaterra, un hermano de mi abuelo había sido embajador de México ante Inglaterra. Era el magnánimo tío de mi papá, al que frecuentábamos como si fuera el Mago de Oz. Siempre salíamos de verlo con un juguete europeo nunca visto. Nuestra primera bicicleta salió de ahí, nuestro primer triciclo que jalaba un carrito, nuestra primera muñeca que caminaba. ¡Yo tenía que ir algún día al país de Sir Winston Churchill y del tío Mago de Oz!

Inglaterra se volvió una obsesión para mí. Terminé mi carrera y, como ya sabía el «para eso no hay, hijita», busqué y busqué y encontré que el Consejo Británico ofrecía becas a estudiantes que el Conacyt presentara como candidatos viables, con el fin de que se formaran y luego regresaran a aplicar sus conocimientos adquiridos para el bien del país. Yo quería ser una economista social, pero, ¿qué podría aportar una actuaria a México a su regreso de... qué, de haber estudiado qué? El reto principal era convencer al Conacyt de que mi carrera era una buena base para mi propósito y de que ese salto mortal era viable. Ahora es un salto natural con el advenimiento de tantos modelos matemáticos que tenemos que elaborar los economistas para probar nuestras hipótesis de comportamiento económico, pero en su momento parecía muy descabellado.

Y allá fui, ante un jurado de sabios sentados en una mesa. No me temblaban las piernas, no tartamudeé ni titubeé, no bajé la vista. El poder de mi misión me llenó de fuerza y me hizo defender mi caso de manera impecable. Les recité una catilinaria ensayada como en mis días de oradora en la secundaria: «Las matemáticas, señores, son el eje de la carreta de cualquier ciencia que aporte instrumentos para el desarrollo de nuestro país», y me crecía más en mi discurso cuando veía que las caras aburridas de los entrevistadores se tornaban de inquisitivas, a aprobatorias. Salí triunfante al convencer al jurado de que era indispensable para México que un actuario se especializara en economía, ¡por unanimidad! Me probé que no tenía fronteras para lo que quisiera lograr. Con ese estiramiento brutal y edificante de mi carrera, crecí enormemente y me ha llenado de satisfacción adrenalínica. Esa es hasta la fecha una de las experiencias más formidables de mi vida.

Ahora sólo tenía que demostrar al Consejo Británico que podría asimilar conocimientos en inglés. ¿Cuál inglés? ¿Perdón? ¿Y ahora qué iba a hacer? Mi inglés se componía de las clases privadas que papá logró que tomara con una maestra hija de diplomáticos. ¿Cuál inglés? ¿Perdón? ¡Si nunca le había yo dado importancia al idioma aquél que por un oído me entraba y por otro me salía!

Pero Inglaterra, la Albión de Sir Winston Churchill, no podía esperar y mi especialización en Desarrollo económico mucho menos. En el examen de inglés del Consejo Británico había que escribir un ensayo sobre una escena dibujada que nos ponían enfrente y, para mi fortuna, me tocó describir una corrida de toros. Pues que me pongo de matadora a llenar mi página de coloridos «Oleeeeeee!», «Muuuuu!» —expresiones de un toro herido en inglés, por supuesto, ¡cómo de que no!— y «come, Bull» —esa sí me la sabía—. Corridón aquel que me eché en mi ensayo. Estoy segura de que mi solo inocente gran deseo de cumplir mi sueño convenció y cautivó a los británicos porque me dejaron intentarlo.

Afortunadamente, aprendí desde muy pequeña que los sueños se alimentan de la escasez y que al cumplirlos forjamos nuestra grandeza como seres humanos. Forjarlos es la esencia que justifica la maravilla de vivir.

#CONSEJO:

Si tu idea es extraordinaria para la sociedad, el recurso llegará.

LA ESCASEZ PRODUCTIVA Y LA ABUNDANCIA IMPRODUCTIVA

Históricamente los pueblos sacan lo mejor de sí mismos en tiempos de carencias. Están documentadas las epopeyas económicas de Estados Unidos y Europa a través del ingenio de los individuos, después de crisis como la Gran Depresión y los periodos de posguerras. Lo mismo sucede con los mexicanos; la escasez endémica los hace creativos y cooperativos entre sí. Pero, en lugar de darles los medios para que su talento vuele, les hemos dado muletas para que continúen incapacitados. Para despertar las bondades de la estrechez de recursos en México, debemos acompañarla de oportunidades para apalancar nuestra creatividad.

Yo crecí en una época donde esas oportunidades existían, en los 60, en un país «floreciente», según las palabras de Phelps. Con un crecimiento promedio de 6% anual y el dólar a un precio estable de $12.50, en cuanto salí de la universidad pude ganar cuatro mil pesos y no era la excepción en mi generación. Me alcanzaba para mis necesidades básicas, para otros elementos que mejoraban mi calidad de vida como mi primer coche y para sostener a mi hermana Rosa Ana durante su carrera en la Ciudad de México.

A pesar de ello, era una época de austeridad en el gasto del gobierno, cuyas semillas puede decirse que se sembraron desde el postporfiriato y florecieron durante el periodo llamado desarrollo estabilizador, que abarca desde finales de los 40 hasta principios de los 70. El porcentaje del PIB (producto interno bruto) destinado al gasto del gobierno era en promedio apenas del 5% —cifra que después ha llegado a más del 80%—. No obstante la austeridad que significaba, con esos escasos recursos se crearon instituciones de apoyo al crecimiento individual, como el ISSTE, el IMSS, el DIF, el INFONAVIT y los 12 institutos de especialidades médicas que han permitido un desarrollo de protección de salud sin precedentes, de acceso a todo tipo de población. Se fundó la UNAM (1910) con sus extraordinarios institutos de investigación; la cultura floreció dentro de instituciones gubernamentales, como el INAH (1939) y el Fondo de Cultura Económica (1934); la banca de desarrollo fue un verdadero motor de crecimiento a través de instituciones como Nacional Financiera (1934). La escasez acompañada de las oportunidades de aquel entonces fue el caldo de cultivo para que los sueños de grandes mexicanos se transformaran en grandes empresas como Bimbo (1945), Grupo México (1942), Cemex (1906), Grupo Balleres (1901), Constructora ICA (1947), Grupo Alfa (1974). La explotación del petróleo iba de la mano con nuestro crecimiento económico.

A partir de la segunda mitad de la década de los 60 se comenzó a cocinar nuestro estancamiento para manifestarse con toda su fuerza a partir de los 70. Empezamos a vivir una experiencia de abundancia gracias a la sobreexplotación de nuestro petróleo con un uso de los recursos provenientes de su venta cada vez más inadecuado. Las instituciones oficiales comenzaron a engordar cebadas por la abundancia, a botar el dinero, a ser partícipes de un sistema de corrupción sin precedentes, a endeudarse para despilfarrar el dinero, a tener un pésimo manejo de las finanzas públicas. El gasto gubernamental comenzó a crecer hasta alcanzar en un 1980 un 12.5% del PIB. Así como podemos correlacionar el buen manejo de escasez con el florecimiento, podemos hablar de su opuesto: el mal manejo de la abundancia y el estancamiento. Los mexicanos sin querer arruinamos el desarrollo individual de cuatro generaciones que nos han seguido.

Después de la crisis generada por los gobiernos de López Portillo y Echeverría, que marcaron un pico en la producción petrolera pero también el inicio del declive del crecimiento económico; el gobierno consolidó el movimiento de reprivatización de nuestras gordas, cebadas y quebradas empresas gubernamentales a partir del aprendizaje de su crisis. Hasta los bancos mal nacionalizados en la década anterior fueron privatizados. Nos abrimos a la competencia global, primero a través de la firma del TLC y después mediante firmas sucesivas de libre comercio con otros países. Apostábamos por que el crecimiento de nuestro sector externo traería crecimiento y desarrollo al país, lo cual no ha sucedido, ya que apenas alcanzó a paliar el decremento en la actividad productiva de otros sectores y a mantener un crecimiento económico per cápita casi nulo en términos reales.

Se logró disminuir el gasto gubernamental, pero a partir de 1996 volvió a subir hasta llegar a 20% del PIB, lo que hizo sustituir en algunos casos el gasto del gobierno por el privado. Este crecimiento volvió a generar un sentido de abundancia, aunque no se trasladó a una mayor inversión gubernamental, sino simplemente a un mayor gasto. Los economistas llamamos *crowding out* al efecto que tiene el gasto gubernamental sobre la inversión privada. Es decir, el aumento de la demanda de bienes y servicios provenientes del aumento en el gasto del gobierno puede derivar en una caída en el gasto e inversión privados y, por tanto, en un crecimiento general nulo. En otras ocasiones se puede dar que el incremento del primero provoque el del otro de manera complementaria.

Como puede verse, durante los últimos 50 años hemos transitado de una economía gubernamental austera, donde la mayoría del gasto público iba a dar al apoyo de la economía privada, a una abundante, fundada en la sobreexplotación de nuestros hidrocarburos y deuda, pero que se ha traducido en nulo crecimiento económico. Ya van cuatro generaciones acostumbradas a un crecimiento real cercano al 0%. Y, sin embargo, no podemos negar que los golpes de timón que hemos observado durante el periodo han procedido de intenciones genuinas por parte del gobierno para corregir las consecuencias indeseables producto de cada modelo anterior.

El gobierno actual está intentando tomar lo bueno de todos los periodos. Del modelo de los 50, recupera la reducción del gasto, mueve el aparato gubernamental a la austeridad y confía en que el sector privado se asociará con él para invertir. Pretende haber aprendido que el capital privado libre puede generar grandes desigualdades sociales, a través de la corrección de este efecto al invertirlo en programas de transferencias de ingreso a los más necesitados. También intenta desmantelar el fenómeno de la corrupción en un ambiente de estabilidad de precios confiado al Banco de México.

EMPRENDEDORES DE LA ESCASEZ

En mi experiencia como inversionista de Shark Tank me he encontrado siempre con el fenómeno de que los emprendedores queremos comernos de una sola tarascada el trayecto de emprender, como si tuviéramos abundancia en oportunidades, contrario a la escasez con la que casi todos empezamos. He visto casos donde esta supuesta abundancia continua hace que los emprendedores cometan el error de gastarse todos sus recursos en el primer paso de su emprendimiento: invierten en inventario como si tuvieran la demanda asegurada y fracasan como el cohete que se gasta su combustible en los primeros kilómetros de ascenso.

#CONSEJO:

**Empieza con poquito.
Como si no tuvieras recursos.**

Esta generación pujante e inquieta que viene más empoderada que nunca y con instrumentos tecnológicos nunca antes vistos tendrá la responsabilidad de generar crecimiento sin apoyo de nuestro gobierno cada vez más pobre. El acceso al financiamiento es su única posibilidad, la única fuente de inversión de recursos frescos para apoyar a los empresarios y emprendedores, para apalancar la creatividad y el empuje que traen, fruto de la escasez endémica durante ya casi cincuenta años en la mayoría de nuestros hogares mexicanos. Pero, para acceder a ello, los emprendedores tienen que ser ordenados, disciplinados, enfocados, tenaces, transparentes y conocer y poder expresar la situación financiera de sus proyectos.

A todos aquellos emprendedores, como compruebo en los mensajes de mis tweets, piensan que tienen una idea, pero no tienen los recursos para desarrollarla, y que necesitan ayuda, les contesto que la escasez es su aliada para desabrochar toda su creatividad para lograr todo lo que se propongan, como ha sido mi caso. «Si tienes verdaderamente esa idea y crees en lo extraordinaria que será para la sociedad, el recurso llegará», les digo.

LAS BONDADES DE LA ESCASEZ

La constante presencia de la escasez en mi vida también me fue forjando atributos que, a fuerza de usarlos y tener éxito en su uso, se convirtieron en hábitos, tales como la disciplina, el orden, el manejo del tiempo, la planeación. Y es que cuando tienes que sacar las tareas adelante porque no te queda otra, debes enfocarte; no hay tiempo para distracciones. La educación que yo había recibido en mis primeros años había sido muy deficiente, como lo sigue siendo en la mayoría de las escuelas del país. No nos enseñan a concentrarnos y la distracción de los alumnos es el comportamiento natural de las aulas.

Sin embargo, cuando te enfrentas al mundo real y uno se ve forzado a determinar prioridades, te das cuenta a fuerza de caídas que o aprendes a enfocarte o no llegarás a ningún lado. El día que lo logras, aprendes a desechar todo lo superfluo para concentrarte en lo esencial que te va a sacar adelante. A fuerza de discriminar tus actividades diarias, aprendes a planear; primero tu día, después tu mes, tu año... tu vida. Ya sé que dice el refrán si quieres que Dios se ría de ti, cuéntale tus planes, porque la vida no es lineal, afortunadamente. Pero, si en nuestros planes no le disparamos a llegar al sol, no llegaremos ni a la luna.

Aprendí entonces a preguntarme: ¿dónde me veo dentro de 20 años?, ¿qué tengo que haber logrado para verme ahí?, ¿qué puedo alcanzar este año?, ¿y en 5 o en 10 o en 15? Para mí se ha vuelto un hábito hacerme estas preguntas al menos una vez al año, pues la vida no nos coloca donde queremos, tenemos que ir corrigiendo el rumbo con nuestra experiencia y hacia nuestras ambiciones y prioridades cambiantes —mi meta a 20 años ha ido evolucionando, aunque últimamente ha sido mucho más consistente—. Nuestras metas deben ser cualitativas, nunca cuantitativas, aunque al expresarlas conviene considerar cuántos recursos necesitaremos para estar ahí.

Actualmente, mis objetivos incluyen conseguir espacios para disfrutar a mis hijas, mi extraordinaria pareja, mis yernos, mis nietos, mis hermanos y mis amigos; tener la salud necesaria para disfrutarlos, y haber contribuido a que al menos 10 000 familias vivan en condiciones de mayor calidad de vida, a través de emprendimientos sostenibles impulsados por Financiera Sustentable. A partir de ellos, se desarrollan mis días: cuido mis relaciones con mis seres queridos, acudo a mis chequeos médicos, realizo mis rutinas de ejercicio, y continúo con mis actividades en Financiera Sustentable.

Las bondades de la escasez se dan únicamente cuando te acompaña. Es en retrospectiva, al revisitar mi pasado en estas páginas, que le reconozco su gran contribución a mi vida; no así ha sido antes. Al escribir este libro, María me preguntaba por qué ellas se consideraban bien formadas y exitosas como seres humanos y profesionales, si no habían contado con el impulso que me dio la escasez. Después de todo, me decía, si de algo me preocupé fue de que no les faltara nada.

Tal fue mi rechazo que hice lo posible porque mis hijas no la sufrieran, les negué su convivencia con un elemento tan determinante en mi historia personal. Nunca ha salido de mi boca un *no hay* con ellas; para un padre abundante es difícil no ser generoso con sus hijos, pero debe tener cuidado de no caer en el extremo —que no es mi caso— de hacerlos minusválidos para la vida. He leído recientemente que una forma de abusar de nuestros hijos es sobreprotegiéndolos, lo cual siempre había tenido muy presente al dejarlas vivir sus propias experiencias y cometer sus propios errores.

Sin embargo, creo que mi ejemplo, mi historia, mi actitud de agradecimiento y mi confianza han influido en ellas. En su madurez, mi experiencia las ha hecho fundamentalmente independientes económicamente de sus esposos. Su realización personal y profesional va a la par de la atención a su familia. Incluida yo; me cuidan como a su propia sombra. Me congratulo de los resultados de mi incidencia, cualquiera que haya sido, en los resultados que en ellas veo. ¿Será que un buen ejemplo sustituye el valor de la escasez?

Pero, ¡ah, cómo la agradezco! No sólo me ha convertido en la recursividad con patas, esa virtud de procurar los recursos para lograr lo que nos proponemos, me ha vuelto imparable, me ha impuesto una disciplina innata para lograr mis legítimas aspiraciones y ha desarrollado en mí el orgullo y diversión de ir por ellas. Ha hecho de mi vida un sendero realmente disfrutable.

DEDICO ESTE CAPÍTULO A TODOS AQUELLOS QUE, CONSCIENTE O INCONSCIENTEMENTE, ME AYUDARON A ENCONTRAR MI HILO CONDUCTOR, Y A LOS BUSCADORES DEL SUYO.

EL PODER
DE LA MISIÓN

CAPÍTULO 2

«AQUEL QUE HA ENCONTRADO UN POR QUÉ VIVIR, PUEDE SOPORTAR CUALQUIER CÓMO VIVIRLO.»

FRIEDRICH NIETZSCHE

Todos nacemos regidos por un hilo conductor, muy particular a cada uno, que nos impulsa y da fuerza y dirección hacia arriba en el escalamiento de los retos que se nos van presentando en la vida. Nuestras acciones y decisiones, consciente o inconscientemente, las tomamos siguiéndolo. El poder de descubrirlo radica en que ya no damos vueltas, sino que tomamos decisiones con mayor certeza de no equivocarnos. Se convierte en lo único que nos da pasión y determinación al perseguir nuestras metas, en levantarnos con la mirada puesta en ellas, después de las innumerables, inevitables y dolorosas caídas en el trayecto de nuestras vidas. Por el contrario, el no conocerlo, no haberlo encontrado o ignorarlo nos hace abandonar proyectos a la primera caída y seguir buscando nuestra razón de ser.

Yo he tenido la fortuna de hallar el mío y seguirlo durante toda mi vida, aunque apenas descubrí cuál era hace unos cuantos años. Tomar conciencia de él ha sido determinante en el ímpetu y tranquilidad que he adquirido al escalar mis sueños. A lo largo de estas páginas invito al lector a adivinar cuál es ese hilo conductor que me ha regido, pero sobre todo lo invito a descubrir el suyo.

¡NUNCA MÁS!

Tenía apenas 10 años cuando mi tía Mary logró que nos aceptaran sin pagar la colegiatura completa en la escuela primaria de monjas del Sagrado Corazón para continuar nuestros estudios después de dejar la escuelita rural a la que íbamos. Siempre fui muy estudiosa, así que la madre Catalina, la directora del colegio, frecuentemente disfrutaba de regañar a sus alumnas, usándome como ejemplo: «Aprendan por favor de esta niña, cuyo padre, campesino honesto y trabajador, no tiene ni para pagarnos su colegiatura, y, aun así, es la primera en su clase».

Obviamente a las otras niñas del pueblo no les gustaban estos comentarios. «Oí vos, Patricia —me dijo en una ocasión la niña bonita de bucles rubios del salón— ¿que andás diciendo que soy tu pariente? Ni loca que estuviera yo», como si ambas fuéramos responsables de nuestros parentescos. Las risas y el rechazo público hacían que, con tal de no convivir con mis compañeras, me la pasara en la capilla del colegio a la hora de los recreos, aprendiendo cantos gregorianos con las monjitas y participando en cuanto ensayo para los bailables de los festivales se pudiera.

Afortunadamente, contaba con la secreta rivalidad de mi amiga Martha Mijangos, con la que sostenía retos secretos de quién ganaba más medallas en nuestros cursos. Desde entonces y seguramente no es casual, siempre he estado acompañada de amigas amazonas con la que juego amorosas carreritas de realización personal y apoyo mutuo, a quienes les debo el estímulo e impulso de la competencia acompañada.

Dos años después, en la secundaria del padre Carlos pasábamos el recreo en grupitos de niñas por un lado y de niños por otro, en el risueño e íntimo parquecito frente a la iglesia que se encontraba apenas a media cuadra de la escuela. Yo tenía dos grupos: el de las niñas parecidas a mí y el de las riquillas del pueblo y con las que quería juntarme, pero que me molestaban. Era la nerd pobre que buscaba ser de las socialités del pueblo con un estilo de vida que yo no tenía en casa pero que creía necesitar. Pedía prestadas actitudes hacia la vida que no eran afines a mi formación a costa de mí misma. En el descanso me acercaba a escucharlas parlotear sobre sus aventuras; me ignoraban, pero me dejaban estar, por lo que tenía la ilusión de que eran mis amigas, tan amigas que buscaba complacerlas a como diera lugar. A ellas les dediqué todo mi gasto disponible en el primer viaje que hice a la Ciudad de México: a una le compré unos aretitos y a otra un disco de Enrique Guzmán, quien se la pasó burlándose de mi regalo toda la hora de clase.

Muchos años después asistí a un curso de liderazgo de cuatro sesiones espaciadas a lo largo del año en diferentes locaciones —la Toscana, Londres, la costa Oeste de los Estados Unidos y Boston—; combinaba teoría y práctica de formación empresarial con desarrollo humano y emocional. En una de las sesiones debíamos recordar momentos del pasado donde habíamos tomado decisiones que cambiaron el curso de nuestras vidas, circunstancias que nos hicieran decir: «nunca más», pero que también nos tatuaron una herida que nos recuerda que nunca nos expondríamos a esa situación otra vez; nuestras heridas de vida. No lo dudé: en una ocasión, en el parquecito de san Sebastián, mis amigas comían helados, mientras yo las observaba —no tenía dinero para un cono—. De pronto una de ellas me preguntó si quería uno, le respondí que sí. «Sentate aquí». Obedecí y obtuve mi postre, pero mis amigas reían a más no poder. No sabía por qué estaban tan divertidas hasta que me levanté y los niños de mi alrededor también comenzaron a reírse. En la parte de atrás de mi uniforme tenía embarrado un barquillo con helado que las niñas habían puesto en mi asiento. La burla era el precio de querer pertenecer a la fuerza en un grupo que no me correspondía. «Nunca más», me dije. Definitivamente nunca más.

Ese día decidí no ser como ellas y cambié mi destino. La claridad me vino de súbito para entender que ese no era el ambiente propicio para mis ambiciones más íntimas. Entendí que debía buscar uno más adecuado a lo que quería lograr en la vida. No me quedaría en mi pueblo, a aspirar comprarme un carro para ir a dar vueltas al parque a perseguir al que sería mi marido, tener hijitos y burlarme de los demás. Sería alguien diferente.

Ese día dejé de pertenecer a mi comunidad y puse mi mirada en el mundo. Para cuando llegué a la prepa en San Cristóbal, yo ya la había abandonado al menos en mi alma y se notaba inmediatamente mi lejanía con la gente que me rodeaba. Incluso llegaron a apodarme «La Bikina». Estaba tan ausente que una vez emprendí el camino silencioso a la escuela, especialmente arreglada con algún vestido heredado de mis tías y arreglado por mí, que no me di cuenta de la valla formada por mis compañeros que rodeaba la banqueta de la entrada de la escuela. Era una huelga estudiantil y yo no lo noté sino hasta que sentí el primer globo de agua apestosa estallar contra mi pelo. El coraje me hizo delatar a mis agresores ante el director general, y se quedó en mí por siempre para hacer lo mismo cada vez que me siento tratada injustamente. Aprendí que paga más perderle el miedo de denunciar a tu agresor que la tranquilidad de callarse. Ese suceso ratificó mi destino y me hizo volar muchos kilómetros más, lejos de mi querido Chiapas.

Mi papá notó ese desapego mío de la comunidad de Comitán y comenzó a impulsarlo y apoyarlo. «Tú no perteneces a esta comunidad, eres diferente» era su frase de batalla. Descubrió que la esposa del apicultor aquél que había llegado a vivir a Comitán hablaba inglés a la perfección porque sus papás diplomáticos la habían hecho vivir mucho tiempo en Estados Unidos. Así que fue a hablar con ella y me metió a clases, a pesar del azoro de muchos en el pueblo que no entendían para qué las pudiera necesitar.

En 2018, festejamos los 50 años de nuestra secundaria. Ahí estaban todas, con sus parloteos iguales. «Oí vos, ¿te acordás de aquella vez que sentamos a una de nosotras sobre un helado? ¿Quién era?». No pude evitarlo; mi voz resonó clara, vibrante y alta, desde el otro lado del salón: «Fui yo», les dije «Y se los agradezco porque ese día cambiaron el rumbo de mi vida». Y en verdad, afortunadamente, mi vida ha transcurrido totalmente diferente a la de ellas. No sé si mejor, simplemente diferente; con otras aspiraciones legítimamente mías.

#CONSEJO:

**El *bullying* es como el miedo. Te paraliza
o te catapulta. No dejes que te domine.
Úsalo a tu favor.**

Ya en la carrera, mi papá que conocía al secretario general de la UNAM porque era de Comitán, logró que me ingresaran al Grupo A por la conveniencia de su horario corrido en las mañanas. Este grupo se formaba con los mejores promedios de admisión, es decir, de los alumnos que venían de las mejores preparatorias; por lo general, las privadas de la Ciudad de México. En consecuencia, se trataba en su mayoría de jóvenes provenientes de familias acomodadas. Eran personajes muy cerrados en su grupo y las miradas inquisitivas de ¿qué haces aquí? no se hicieron esperar. Me laceraba y me refugiaba más en mí misma, pero también me invitaba a diferenciarme y volar fuera de ahí hacia mis ambiciones más íntimas.

En esa ocasión mi amiga amazona era Bertha Calvin, amorosa y profunda, que era la envidia de las pocas mujeres de la facultad por su ágil paso de gacela y su pelirroja y abundante cabellera. Ella fue mi remanso de amistad en un ambiente que consideraba tan agresivo de la Facultad de Ciencias.

Gracias a esta situación, descubrí que no quería ser el típico actuario frío especializado en seguros —no me gustaba esa gente—; quería algo más que la cuadratura de sus miradas y planes profesionales, algo más orientado a ayudar a la gente. Y ahí decidí ser economista.

UNA INFILTRADA EN TENEJAPA

Como los seguros no me atraían, rápidamente comencé a tratar de aplicar las matemáticas a comprender la pobreza. De pronto descubrí a un biólogo australiano empecinado en desarrollar un modelo matemático de subsistencia básica en comunidades altamente marginadas: aionomórfosis social. Consistía en el proceso a través del cual pasan comunidades originalmente de subsistencia, a otro tipo de comunidades a la civilización, pero mal integradas. Como ejemplo estaba la acapulquización: los pueblos de las montañas de Acapulco inicialmente rurales, atraídos por las oportunidades de trabajo, que se iban malformando en comunidades insalubres y definitivamente pobres en las áreas circundantes de Acapulco, donde posteriormente los desarrolladores de terrenos turísticos los irían desplazando cada vez más lejos. Ahí me clavé, en desarrollar matemáticamente el modelo de aionomórfosis social.

Yo estaba fascinada con mi proyecto, así que me fui a hacer antesala al entonces gobernador de Chiapas, el Dr. Manuel Velazco Suarez, quien inauguró la relación sagrada entre el gobernador y los indígenas a través de un halo protector que oscilaba entre virrey y franciscano. Aunque justificaba su virreinato por haber sido el neurólogo de cabecera de Luis Echeverría, Don Manuel realizó un verdadero esfuerzo por mejorar la situación económica de las comunidades indígenas del estado. Fue el fundador de una especie de agencia que coordinaba las acciones de todos los organismos multilaterales que intentaban aliviar la pobreza de las comunidades de los altos de Chiapas, tales como la FAO, la UNICEF y al que llamó Programa de Desarrollo Socioeconómico de los Altos de Chiapas, mismo que posteriormente dirigí. También florecieron instituciones a favor de la defensa de dichas comunidades y contra la explotación indigna de la selva lacandona, como Na-Bolom, dirigido por Gertrude Dubi y Franz Blom, cuyo Consejo presido actualmente. Sus esfuerzos inauditos tuvieron como fruto que Echeverría dotara un buen número de hectáreas de la selva a los lacandones, lo cual ha servido hasta la fecha como barrera contra la tala y destrucción de apenas un residuo de lo que fue la gran selva chiapaneca.

Don Manuel me aconsejó aplicar mi modelo aionomórfico a la entonces distante comunidad tzeltal de Tenejapa, en los Altos de Chiapas. Y allá se fue Patricia, la exploradora, con mochila en la espalda, cantimplora, sleeping bag y toda la parafernalia, a levantar datos de campo entre los monolingües tzeltales. Mi objetivo era comprobar que el autoconsumo era lo que daba consistencia a la estabilidad de las comunidades, a través de relacionar el esfuerzo humano como insumo y la cosecha de subsistencia como producto. Sin embargo, al depender éstos del clima y de las plagas, propiciaba la alta variabilidad de la población, pues los varones tenían que acudir al trabajo de jornaleros para complementar sus ingresos necesarios para sobrevivir. Este desarraigo potencial, por la precariedad de sus condiciones, se manifestaba en su disposición de vender sus tierras a desarrolladores y a migrar para replicar sus condiciones de subsistencia en tierras más infértiles. Además, los mecanismos tradicionales que cohesionaban a la comunidad se encargaban de empobrecer a los más exitosos o a los que habían logrado capitalizarse con los ahorros provenientes de sus ingresos como jornaleros. Un ejemplo de ello eran las mayordomías para las fiestas de los santos patronos, lo cual se compensaba con estatus social y moral. De esta manera, se perpetuaban las condiciones de estabilidad y subsistencia en esas comunidades en la precariedad.

Para probar el modelo, diseñé una encuesta con un sistema de muestreo que pretendía cubrir historiales del tiempo transcurrido en la comunidad en relación con la cosecha lograda, de arraigo logrado a través de inversiones en su prestigio —por ejemplo, en puestos de mayordomía—, y de ingresos logrados en los periodos de jornalerismo. No obstante, cuestionario en mano, rápidamente me di cuenta de la burla que era para mis informantes. Cuando les preguntaba cuánta tierra tenían, me contestaban: «Mil hectáreas»; cuando preguntaba por la cosecha de naranjas, «Un millón». Imposible. Ni aunque pretendiera ser su amiga del alma, tomara *posh* con ellos —bebida alcohólica a base de maíz y piloncillo típica de los pueblos mayas de los Altos de Chiapas—, me sentara en las bardas de la iglesia a aproximarme a sus grupitos parlanchines, no había manera de obtener información fiable.

Tuve que aprender algo de tzeltal para ganarme permanencia entre los suyos y comenzaron a fluir las conversaciones.

¿Cú si a´bí?, ¿cómo te llamas?; *¿cú she elan?*, ¿de dónde eres?; también los nombres de sus principales cosechas. Durante alrededor de dos semanas, me instalé en la cabecera municipal en la posada de doña Lilia a platicar con la gente para que me explicaran la idiosincrasia de los habitantes de Tenejapa. Me metía a sus iglesias a tratar de descifrar las conversaciones con su Dios, a quien le ofrecían interminables letanías, incontables velas sembradas en el piso, aves de corral y borracheras *in situ*.

Una vez que me sentí un poco más segura, abandoné la cabecera municipal para recorrer las serranías en soledad de escuela en escuela con la ayuda de un mapa. Exhausta, me presentaba con el maestro, inquisitivo y extrañado por mi presencia y le contaba de mi proyecto. Si tenía suerte, al día siguiente convocaba a una reunión de la comunidad y en su lengua les explicaba lo que pretendía. Al final de mi ruta el maestro en turno conseguía que una familia me adoptara para dormir y ser alimentada por ellos mientras duraba mi estancia en la comunidad. Durante el día me acercaba a los labradores, lograba que se sentaran un rato conmigo y llenaba mi cuestionario.

Un día, en la comunidad más lejana de Yochib, dispuesta a despedirme aquel fin de año con mi cuestionario completo, decidí hacerles un regalo: los santos de sus iglesias estaban tapados hasta la cara por la superposición de vestiduras a través de los siglos. Yo creí que fabricarles un vestido de brocado dorado a su santo de la comunidad y vestirlo de sorpresa sería un legado de agradecimiento de mi parte. ¡Nunca lo debí haber intentado! Fui corrida del pueblo con machetes aireados y furiosos, y con razón. Nunca pude despedirme con el cariño deseado. Afortunadamente, en la cabecera del municipio aún me querían y me hicieron una despedida a la que llegó mi papá a recogerme. Dice que encontró a su hijita como drogada bailando danzas con la comunidad, bebiendo *posh* y con calabacitas huecas colgadas llenas de ese polvo blanco que veía que fabricaban con cal y hierbas. Yo no lo recuerdo.

De haber estado atenta a lo que me inspiraba y me jalaba, debí darme cuenta en esa aventura en Tenejapa de que mi búsqueda por mi pasión ya estaba dándome rumbo. Debí haber apuntado en mi diario de viaje todas las circunstancias que me daban felicidad y satisfacción, para de una vez por todas haber identificado mi misión. La búsqueda te lleva a buen destino, pero siempre y cuando tengamos la conciencia y nuestros sentidos muy abiertos en cada paso, para poder corregir a tiempo si percibimos bifurcaciones que nos puedan llegar a un callejón sin salida.

VALENTÍAS Y TROPIEZOS

«Volá, Paty, no seas boluda, tenés todo para volar», decía con su acento bonaerense mi amiga Cristina, otra amazona de mi vida, quien me animó a ir a Perú, donde habitaba el famoso biólogo que había inspirado mi tesis aionomórfica. Después de esa maravillosa estancia de tres meses recolectando los datos en Tenejapa, siguió un periodo de intensos enfrentamientos con mi papá, quien no quería dejarme ir a Sudamérica. «Está enamorado de ti, solamente vas a ir a pasar un mal momento» era su argumento. Pero yo sabía más, me respaldaba la sabiduría de mis 21 años, nada que ver con su avejentado juicio de cuatro décadas, me decía mi conciencia de adolescente traga mundos. Finalmente, ganó mi terquedad, me regaló tres mil dólares que quién sabe de dónde sacó y me fui.

Pasé a mi antigua residencia universitaria en Ciudad de México a despedirme de mis amigas y en gran parranda de despedida una de ellas ¡me robó todo el dinero! Era tal mi vergüenza y desesperación que me fui a esconder a casa de una amiga en San Luis Potosí para hacerle creer a mi papá que estaba de viaje en Perú. A la semana el novio de mi hermana tocó a la puerta de mi escondite. A mi papá no se le podía tomar el pelo, así que tuve que enfrentar a mi padre.

Para mi sorpresa, en lugar de encontrarlo enojado estaba sumamente reflexivo, pues cuando era niño había perdido el mismo valor que correspondía a una mensualidad que mi abuelo le enviaba, razón por la cual mi apenado papá se desapareció por muchos años de su casa paterna, para sólo regresar a pasar los últimos años de la vida de mi abuelo. Ese día aprendí que el miedo y vergüenza cambian destinos, y que sólo la valentía me permitiría perseguir mis sueños.

Con los 3 000 dólares renovados que mi papá salió a pedir prestados, me fui a vivir a Perú. El biólogo me enseñó a diseñar matrices de insumo-producto que yo alimentaba con mis datos de Tenejapa. En una especie de rutina donde me dejaba tarea en la mañana antes de irse a trabajar y al volver por la tarde revisaba mis avances, discutía mis resultados y yo escribía las conclusiones del día, para después irnos a disfrutar de las delicias culinarias de Lima. Incluso, nos permitimos tomar unas mini vacaciones para conocer Machupichu y llegué a reconocer en las comunidades cuzqueñas la gran reminiscencia de Tenejapa, sus mismas tendencias y patrones.

Sin embargo, efectivamente, el señor estaba enamorado de mí y ¡patas pa' qué las quiero! Que salgo corriendo con una tesis inconclusa y el laberinto emocional provocado por la fracturada relación con mi asesor. Terminé refugiada en casa de Cristina en Buenos Aires durante semanas entrañables llenas de reflexiones sobre qué hacer con mi modelo a medias, con mi vuelo a medias.

#CONSEJO:

Búscate al menos un alma gemela con la química inigualable de intereses y principios comunes; que sea tu compañera de viaje y de sonrisas; que no te deje nunca, ni tú tampoco; que sea tu mentora a partir del amor y la identificación mutua.

Muchas veces sucumbimos a esconder debajo del tapete alguna realidad que a gritos nos advierte riesgos, pero que inmoralmente jugamos a no conocerla con tal de lograr lo que queremos. Por supuesto, yo sabía desde un principio del enamoramiento del biólogo aquel, pero me faltó valor para aclarar las cosas desde un principio.

¡Pero bueno! Ya estaba en Sudamérica, el boleto ya estaba comprado, así que convencí a mi papá de dejarme ir de gira mochilera. Una de las experiencias más importantes de ese viaje fue en mi paso por Brasil. Entre hostales y parrandas, en Bahía, estudiantes de mi edad me sorprendieron al hacerme una ceremonia en el mar. Las bahianas liberaban flores blancas al mar, invocando a la diosa de la sexualidad, la Pomba Gira, para que se adueñara de mi cuerpo. Y es que mi formación temerosa de expresar y disfrutar mi sexualidad so pena de irme al infierno, contrastaba con la de los brasileños, quienes crecían con total libertad y no se podían explicar mi fenómeno más que como un acto de abandono de aquella diosa.

Últimamente, al calor de observar a mis hijas y a mis nietos, me he convencido de que los grandes logros de mi generación a punta de obedecer nuestras creencias limitantes pudieron haberse magnificado si nos hubieran dotado de más capacidad para cuestionarlas. Celebro que poco a poco las generaciones posteriores a la mía, tanto los hombres como las mujeres, se encuentran en camino de romper esos tabúes.

Después de mi mágica gira por Sudamérica regresé a la realidad a buscar trabajo. Me encontré con un personaje del gobierno a quien le llamó la atención el simple hecho de que era alguien que «sabía pensar» —como si el pensamiento se redujera a las matemáticas y como si éstas nos dieran ese don—. «Eres matemática, sabes pensar, seguramente nos aportarás muchas cosas», me dijo Eduardo, chileno refugiado de la generación de intelectuales que escaparon del régimen de Pinochet, cuando me contrató a pesar de ser actuaria para unirme a las misiones de desarrollo rural del Centro de Investigaciones de Desarrollo Rural que dirigía. Así que continué con mi trabajo en las comunidades rurales en el Centro de Investigaciones del Desarrollo Rural, esta vez en Zacapoaxtla, Puebla. Mi convivencia con antropólogos, ingenieros agrónomos, apóstoles dedicados al desarrollo rural fue de gran inspiración para mí y me hizo ratificar que tenía que adquirir más conocimientos sobre el desarrollo económico.

Durante esa etapa Eduardo me compartió sus conocimientos de desarrollo de comunidades rurales. Nos íbamos largas temporadas a misiones para entender su economía, su idiosincrasia. En las noches, alrededor de las fogatas, intercambiábamos nuestros puntos de vista de los hallazgos del día y nuestros apuntes que debían convertirse en reportes con la esperanza de que se volvieran programas gubernamentales para las comunidades reportadas. Yo hacía los modelos de muestreo.

Después de un rato, decidí perseguir mi sueño de ir a Inglaterra. Me despedí de México y arranqué a la siguiente aventura que resultó ser un parteaguas en todos los sentidos.

LA TIERRA DE CHURCHILL

Fernando discutía con otros dos colombianos sobre qué harían para encontrar alojamiento porque la universidad de East Anglia, en Norwich, en la cual nos habían aceptado para hacer un diplomado, no nos había podido dar alojamiento. En mi caso aprobar ese curso era mi condición para aceptarme en la maestría en Economía de la Universidad de Cambridge. Al verlos, me uní a la conversación totalmente de *metiche* y les propuse que buscáramos una casa. Como los estudiantes no tenían buena reputación entre los arrendadores de propiedades y éramos dos mujeres y dos hombres, les dije que pretendiéramos ser esposos. Me volteé mi anillo de graduación y ya era yo la señora Hinestrosa y Stella era la señora Restrepo. Así, conseguimos una casona inglesa en las afueras de Norwich con un jardín inmenso, totalmente amueblada, que le pertenecía a un lord que se iría en su velero por el mundo durante un año.

Una vez terminado el diplomado en Norwich, La Universidad de Cambridge me aceptó para la maestría, pero no había cupo en un colegio para mí. Esto impedía que me matriculara y yo estaba devastada. ¿Cómo era posible que ya hubiera logrado mi meta, mi reto durante un año para ser aceptada, pero no había cabida para mí en un colegio? Fernando llamó a Camilo, un amigo que se sabía todos los trucos para entrar al Colegio Wolfson, el cual lo había acogido durante su estancia en Cambridge. El director siempre había querido tener una banda musical, así que le dijo que yo era una excelente formadora de bandas con dotes artísticas extraordinarias. ¡Yo no tocaba ni las puertas! Pero así fui admitida y pude disfrutar inmensamente la vida de *college* que nunca había vivido en ninguna de mis etapas de estudiante, con compañeros de todos colores y sabores, nacionalidades, personalidades, carreras y tentaciones.

Había un solo teléfono al final de las escaleras del bloque donde estaba mi dormitorio en el Colegio Wolfson. Un día yo estaba esperando una llamada de Fernando, cuando Isabel bajó las escaleras como torbellino a ganarme el aparato. Con sus ojos profundamente verdes y cabello grueso suelto, exudaba energía y seguridad. El contacto visual rompió el hielo y nos volvimos grandes amigas. Con ella organicé un coro latinoamericano, con el que pagaría mi promesa al Dean por mi admisión al Colegio. Desde entonces y hasta ahora Isabel ha sido mi amazona mayor.

Otro día me arreglé muy mona con mi único vestido digno de mostrar y atravesé el jardín entre los silbidos de los peruanos. «Hey, la mexicana, ¿a dónde vas tan guapa?». «A mi entrevista para el Young Professionals Program del Banco Mundial», les contesté. «¡Esa mexicana imperialista yanqui!», se burlaron. Los intelectuales peruanos eran en su mayoría de izquierda, como su esposo. Isabel estaba con ellos, pero en la noche vino a verme a mi cuarto para averiguar de qué se trataba el programa ese. Ambas logramos entrar al Banco Mundial, pero nuestros caminos se separaron. Ella inició su carrera en Colombia como Young Professional del Banco Mundial cuando yo ya vivía ahí casada con Fernando. Para no hacer el cuento largo, llegó a ser vicepresidente de ese banco, y candidata a dirigirlo. Mi destino, en cambio, me llevó a otro lado.

Una vez instalada en la tierra de Churchill, amé su vida civilizada, pero al mismo tiempo tan provinciana y cálida; su sistema de enseñanza de cero memoria, todo razonado, donde no hay una sola verdad, siempre y cuando se fundamente con argumentos; su responsabilidad en el gasto —mi primera compra, un abrigo de invierno, fue atendida por la empleada del almacén que lo primero que me preguntó fue: «¿Cuánto quiere usted gastar?»

Ya sabía a lo que iba: quería ahondar en el modelo aionomórfico y sostenerlo con fundamentos de teoría económica si es que había alguno, de las comunidades en subsistencia. Mi director de tesis, David Lehman, estaba enamorado de este tipo de economías en las comunidades indígenas de Latinoamérica. Me llevó sabiamente de la mano a entender las entrañas de su estancamiento, pero principalmente el equilibrio interno que tienen que lograr para subsistir como comunidades.

Sin embargo, mi inmersión en el estudio y especialización se veía amenazada por el espíritu de parranda de mi amiga Victoria, esa gringa risueña de ojos almendrados que se había tomado su maestría realmente como un sabático antes de meterse de lleno al mundo de las finanzas y de convertirse en una de las financieras más exitosas de la costa oeste de Estados Unidos. Su constante tentación de ir a esas fiestas sin fin amenazaba la exitosa conclusión de mi maestría, por lo que busqué un refugio para poder aislarme a terminar mi tesis. Hoy continúa siendo mi amiga, apoyo e inspiración. Otra gran amazona en mi vida.

Fernando era educado, afable, fiestero, alegre, tranquilo y mi amistad con él empezó inmediatamente. A las pocas semanas de instalarnos en Norwich nos cayó una de sus novias a vivir con él, y yo era su confidente y cómplice cuando, cansado de la visita impuesta, quería explorar otras relaciones. Él, en cambio, era mi mentor en Economía y el equilibrio en mis depresiones por estar fuera de casa que siempre vendría armado con una reflexión sesuda, un hombro para llorar y un compañero para bailar.

Después de Norwich, en paralelo con mi maestría en Cambridge, Fernando tomó unos cursos a gusto en la London School of Economics, pero continuó siendo mi polo a tierra en mis pérdidas de brújula en un ambiente tan fascinante como extraño que era la vida de Cambridge. En mis competencias de remo, Fernando asistía a aplaudirme, a pesar de que nuestro colegio siempre perdía. Siempre me invitaba a los carnavales de Londres y nos divertíamos inmensamente.

Un día hicimos un trato: yo podría usar su departamento para terminar mi tesis fuera del ruido de Wolfson, donde las tentaciones de fiesta y distracción impedían que me concentrara. Él se iría con su novia en turno a un viaje largo por Europa y yo atendería a sus papás, quienes pasarían por Londres unas semanas después. En la noche del relevo, fui a que me entregara las llaves y yo tomé la iniciativa, de esas que han dado rumbo definitivo a mi vida: echarme de clavado a sacar un proyecto de pareja con todo. Respondí con pasión a su usual coqueteo, el cual antes había ignorado sabiendo lo veleta que Fernando era en ese aspecto.

Al día siguiente Fernando ya me había propuesto matrimonio y no se quería ir al viaje, pero tenía el compromiso y finalmente se marchó. Me llamaba todos los días, mientras yo terminaba la tesis y atendía a sus papás. Él nos alcanzó en Bath y ahí les comunicamos la noticia.

EL AMOR CAMBIA EL RUMBO

Mi compromiso con Fernando cambió mi rumbo profesional: renuncié a mi lugar en el Banco Mundial porque a él no lo aceptaron y me fui a vivir a Colombia. Pero antes, mi papá, que se desempeñaba en aquel entonces como una especie de subgobernador de los Altos de Chiapas en el gobierno de Juan Sabines, condicionó mi matrimonio a pasar un año ayudándolo. Sólo después de ese año él calificaría como real mi amor por mi futuro esposo, quien se regresó a Colombia en una especie de sabático de nuestra relación poniendo también a prueba su verdadero compromiso conmigo.

Mi estancia en Chiapas fue extraordinariamente fructífera porque pude apoyar a las comunidades más pobres, al hacerme cargo del Programa de Desarrollo Socioeconómico de los Altos de Chiapas, fundado por Don Manuel. En mis esfuerzos por desarrollar a las comunidades, probamos de todo. Granjas de conejos, granjas de pollos, granjas de cerdos, de hortalizas. Todo un año de esfuerzos de desarrollo de la microempresa rural. El reto principal eran las economías de escala, la capacitación y, sobre todo, la comercialización.

Finalmente, una semana antes de casarme, le dimos al clavo. Hicimos un invernadero de clavel y pompón con un dormitorio al lado. Dejé sembrado un programa donde los indígenas llegaban y donaban su mano de obra durante un ciclo, y se regresaban a sus comunidades los recursos materiales y de conocimiento para poner su propio invernadero.

Años más tarde, muchos, tal vez 10, cuando regresé a los altos de Chiapas, cuál sería mi sorpresa que me arrancó lágrimas ver un blanqueo de invernaderos de dimensiones insospechadas en el fondo del valle. Más tarde en mi viaje pude apreciar los mercados llenos de flores y a los indígenas de Tzinacantán suficientemente capitalizados para comprar camiones para exportar sus flores a otros mercados. Gran satisfacción.

Sin embargo, tuve que reconocer que los intentos de desarrollo impuestos a las comunidades son poco fructíferos. Yo había pasado un año completo tratando de lograrlo y fue una verdadera casualidad que ese programa hubiera tenido éxito. Ahora he aprendido que el potencial de las comunidades sólo se desarrolla cuando las empoderas, lo cual requiere mucho tiempo. Se los repito cada vez que puedo a los emprendedores sociales.

#CONSEJO:

Crea tu proyecto de manera que empodere a tu comunidad, así ésta desarrollará su potencial y contribuirás a crear un lugar mejor.

Y bueno, bajé del cerro a las 4 de la mañana del día de mi matrimonio, a ponerme bonita y casarme. «Sé feliz, Patricia —me dijo nuestro adorado poeta Jaime Sabines en su discurso durante mi fiesta matrimonial— aquí dejas a tus protectores que aplaudirán tus éxitos o a tus huestes decididas al rescate». Nunca creyó en la permanencia de mi matrimonio con Fernando.

Después me exportaría a Bogotá, Colombia, para seguir a mi marido cual dócil esposa. Su sonriente, alegre e invernal comunidad me recibió con los brazos abiertos, pero me sentía una mosca en leche. Lo primero que mi amorosa suegra hizo fue guiarme a su clóset para que escogiera lo que yo quisiera de entre su ropa de marca para sustituir mi ufana colección de huipiles bordados a mano que no estaban bien vistos entre los bogotanos. Lo segundo fue introducirme en la vida académica. Papá Fer, mi suegro, me presentó al departamento de Economía de la Universidad Externado de Colombia, el cual dirigía y debía su nombre a ser la primera casa de estudios en aquel país donde los estudiantes no se hospedaban en ella. Traté de encajar mis clases de Economía dentro de un conjunto de materias que habían sido diseñadas para complementar el pensamiento liberal de mi suegro desde el Derecho.

Al año mi esposo se aburrió y nos trasladamos a Nueva York, supuestamente por seis meses. Fernando abrió una casa de bolsa para administrar los fondos de tantos colombianos que tenían su dinero fuera de su país, mientras yo aprendía francés y vidrio cortado. Al terminar el plazo inicial, me planteó quedarnos un rato más y accedí siempre y cuando fuera un periodo suficiente para hacer mi doctorado en Economía en la Universidad de Columbia.

Mi tesis doctoral se preguntaba si el sector de empleo informal era producto del autoempleo o se debía a empleados que no conseguían empleo en el sector formal. La primera opción sostenía que las personas eligen autoemplearse por diversos factores —nivel de educación, género, evasión de impuestos, por mencionar algunos—. La segunda, que los salarios artificialmente altos por arriba del salario de equilibrio no determinados por el mercado —como el salario mínimo— obligan al sistema a escupir a un grupo de empleados dispuestos a trabajar informalmente por debajo del salario estatutario y, por lo tanto, tienen que autoemplearse. Mis primeros resultados corroboraban esta última hipótesis: las diferencias en variables de educación, género y edad no coincidían con las diferencias observadas entre trabajadores de uno y otro segmento. Stan Wellisz, y Edmund Phelps, mis directores de tesis, me sugirieron que mejorara mi modelo agregando las prestaciones sociales al salario. Así, pudimos explicar por qué hay trabajadores que prefieren las prestaciones como parte de su ingreso principalmente durante su época adulta cuando forman una familia, mientras que los jóvenes o retirados prefieren el efectivo o las comisiones. O sea, el mercado no estaba segmentado, sino integrado por las preferencias de los trabajadores. También se puede entender por qué la mayoría de los empleados con menores salarios se encuentra en el sector informal, pues hallan en éste una manera de emprender, pero también de trascender las barreras de crecimiento profesional que el sector formal no les permite.

LA EMPRESARIA DE BANORTE

Cuando terminé mi tesis doctoral, Pedro Aspe, uno de mis más grandes mentores, me llevó a trabajar con él en el sector financiero, a pesar de que sentía que estaba alejándome de lo que me gustaba. Pasé trece años de trabajo y de especialización en ese campo en los que viví la negociación del TLC, la supervisión bancaria, la resolución de la crisis bancaria, la supervisión y regulación global en Basilea. Al final sentía como si el destino me hubiera colocado finalmente en el servicio público para favorecer a la gente a través de regular a los bancos. Sin embargo, no fue sino hasta que volví de Basilea a México y, en mi búsqueda por mi siguiente reto, entré a trabajar a Banorte, y que encontré mi pasión: las PYMES. ¡Vaya golpe de timón!

El banco estaba pasando por un periodo de transición de ser una institución financiera tradicional a la antigüita a una con un gobierno corporativo fuerte, fundado por Don Roberto. Como su asesora, tuve la oportunidad de estar pegada a él y me dejó meterme donde yo quisiera. El banco fue un laboratorio viviente donde apliqué mis técnicas de administración de riesgos en el área de crédito y el área de mercados. Investigué si las tasas de interés cobradas en cada producto correspondían al riesgo tomado, al costo del producto, y a la rentabilidad esperada del mismo. También colaboré en los criterios de aceptación de los créditos con base a riesgos.

Por otra parte, noté que 78% de las PYMES que solicitaban créditos eran rechazadas, tras ser evaluadas por un modelo paramétrico, que mide variables de aceptación y arroja una calificación. Esto podía significar dos cosas: que no eran elegibles o que el sistema inteligente necesitaba calibrarse. Opté por la primera, porque había revisado el sistema y me parecía adecuado. Sin embargo, me di cuenta de que no era posible medirlas a todas independientemente de su sector e industria con los mismos parámetros, simplemente porque sus ciclos cortos de efectivo son diferentes. No es lo mismo una empresa de servicios con ciclos cortos de salidas y entradas de efectivo, que una PYME de manufactura con ciclos mucho más largos. El modelo no servía para otorgar créditos masivamente a 5 millones de PYMES en el país, las cuales son responsables de emplear a cerca de 30% de nuestros trabajadores, sin incluir a los autoempleados. Había que encontrar una manera de otorgar créditos, pero no bajo criterios estándar de sistemas inteligentes, sino con trajes a la medida para cada sector de PYMES.

Me acerqué a Nacional Financiera y encontré gran entusiasmo para desarrollar dentro de Banorte una alternativa: Pro-Negocio. Establecía un modelo donde se hacía análisis de cada PYME, dependiendo de su capacidad y ciclo de pagos. Por ejemplo, un proveedor del Estado podía solicitar un préstamo sobre pedido y devolver el capital una vez que el gobierno le pagara; un negocio podía presentar una solicitud para adquirir becerros y pagar cuando los vendiera, pero una PYME que necesitara adquirir maquinaria para mejorar sus ventas amortizaría el crédito a lo largo de la vida de la maquinaria. Así es como creo que debe funcionar el negocio de préstamos a las empresas de esta naturaleza.

El proyecto era un sueño. Estaba fondeado en su totalidad por Nacional Financiera a tasas blandas con garantía de la misma banca de desarrollo y riesgo compartido con el banco por muchos millones de pesos que nos permitirían crecer por muchos años. No existía en ese entonces un proyecto igual dentro de un banco de las dimensiones que ya tenía Banorte en esos momentos. Logramos hacer una unidad de negocio autocontenida que no estuviera contaminada con las decisiones del gran buque que era el banco, una decisión estratégica que podía ahorrarnos años en implementarla. Necesitábamos un instrumento ágil, dispuesto a innovar y a probar productos que sirvieran realmente a las PYMES.

Desafortunadamente, entregaron mi proyecto a un banquero comercial que quiso empezar en grande y perdieron todo; la iniciativa se perdió dentro de las fauces de la operación del gran banco. De ahí aprendí que los bancos comerciales grandes no van a poder nunca abrir mercados no bancarizados, porque su capital es tan grande que requiere generar carteras masivas y este tipo de mercados no pueden construirse así. Cualquier producto no sólo debe ser innovador, sino que debe probarse en un ámbito pequeño, pivotearse —como le llaman en el argot empresarial—, adecuarse al gusto del cliente, encontrar un segmento de clientes que esté dispuesto a pagarlo a cambio de su satisfacción, y cuando la demanda lo indique, entonces sí, masificarlo, escalarlo a grandes dimensiones.

Cuando salí de la oficina de Don Roberto tras su anuncio de que no tenía un futuro en Banorte como banquera, las lágrimas de mis ojos me hicieron parar mi carro frente al bosque de Chapultepec, sobre Paseo de la Reforma. «¿Qué vas a hacer? ¿Ahora hacia dónde, Patricia?». Volteé a ver la exhibición fotográfica en la cerca del parque; me hablaba a través de los rostros de nuestra gente, a través de cada una de sus expresiones sociales y culturales. Campesinos, vendedores de globos, tragafuegos. Como por imán, mi mente recorrió mi camino andado, pude encontrarle sentido y proyectarlo hacia adelante: «Ayudar a los más necesitados», me dije en un eureka vigorizante que me hizo encender el motor de mi carro y de mi futuro con la certeza de haber encontrado mi misión. Con esa idea en mente, fundé mi primer emprendimiento.

LA MISIÓN DE MÉXICO: UN ESTADO DE BIENESTAR

México mismo es un país emprendedor. En cada uno de nuestros fracasos hemos sufrido, pero también aprendido. Lo que nos falta es un objetivo y una voluntad común para llegar a lo que queremos ser.

Hace un par de años, al expresidente español José Luis Rodríguez Zapatero le preguntaron qué hacer ante la incertidumbre. «No lo sé —contestó—. Sólo conozco una certeza: asegurarnos de que cada ciudadano tenga acceso cierto a un sistema de educación, salud, vivienda y retiro digno es lo único que le da cohesión al tejido social de un país. Lo demás, déjaselo a la iniciativa de la gente». En una plática posterior, me confirmó que su principal legado había sido contribuir a la cohesión social de los españoles a través de un *estado de bienestar.*

Desde el punto de vista económico, este concepto contribuye a la libertad productiva de los individuos porque complementa el papel del Estado —mediar y resolver las imperfecciones del mercado, así como fomentar su crecimiento—, con proveer la cobertura de todas las necesidades personales básicas de la población: salud, educación, acceso a servicios básicos como agua potable y energía, cultura, deporte, transporte, medio ambiente, comunicación, acceso a la información, servicios financieros, estabilidad de precios, entre otros. De esta manera, las personas dejan de condicionar su libertad de expresarse, de asociarse y de participar libremente en las decisiones nacionales; y en su lugar, liberan su potencial creativo, económico y social, pues gozan de autonomía para entrar a competir en los mercados.

Como consecuencia, se da legitimidad al derecho social, civil, político, y de acceso a estos bienes básicos, y su provisión marca la barrera entre el sector y gasto públicos y privados, donde mientras el mercado los produce, el Estado asegura la igualdad de su acceso. Asimismo, al definirse los bienes indispensables, se puede hablar de sectores estratégicos cuyo acceso va más allá de su valor en cuanto a la capacidad de pago por ellos. Como dice Immanuel Kant: «hay cosas que tienen precio, y otras, dignidad». Por último, pero no menos importante, se alcanza la cohesión social, la única vía que garantiza la sostenibilidad económica en el tiempo y el espacio.

En México, enfrentamos grandes retos para lograr el estado de bienestar, lo que nos aleja de esa cohesión social tan deseada. Por ello y para contribuir en la misión de nuestro país para lograr el México que anisamos y merecemos, diseñé un proyecto de desarrollo para el cual encontré la vía pública como el camino ideal para llevarlo a cabo. Así que me postulé como diputada federal para la legislatura 2021-2024, y lo logré. Espero poder comunicarles en el futuro cercano los resultados de esta nueva cima a escalar en mi vida.

Nuestro hilo conductor, nuestra misión, es un personaje muy elusivo que tenemos la obligación de encontrar. Solamente así viviremos una vida plena. A veces vemos el camino que estamos pisando, pero nos es invisible su trazo. Sólo la conciencia constante de que por ahí anda escondiéndose nos hace abrir plenamente nuestros sentidos para encontrarlo y hacernos imparables. ¿Cuál es tu hilo conductor, tu misión?

DEDICO ESTE CAPÍTULO A TODAS LAS AMAZONAS QUE ME HAN ACOMPAÑADO EN MI CAMINO —EN PARTICULAR MIS HIJAS ADULTAS— Y A TODAS LAS DEMÁS AMAZONAS MEXICANAS Y DEL MUNDO. LO DEDICO TAMBIÉN A LOS VARONES QUE FUERON MI CAJA DE RESONANCIA PARA ENCONTRAR MI PODER FEMENINO.

EL PODER
DE LA FEMINEIDAD

CAPÍTULO 3

«NO TENGO MIEDO A LAS TORMENTAS PORQUE ESTOY APRENDIENDO A NAVEGAR MI BARCO»

LOUISA MAY ALCOTT

La mujer profesionista enfrenta diversos retos para cumplir sus sueños. En primer lugar, creer en ella misma. Yo, como muchas mujeres, sabía desde muy pequeña que tenía todo y más para cumplir lo que deseara; había una fuerza interna, como un fuego interior, que me disparaba adelante, sin miedo. Sin embargo, al salir al mundo, había también un velo que me detenía ante lo desconocido de interactuar con el género masculino; me cuestionaba: «¿Podré?» Fueron justamente los varones, junto con las amazonas de mi vida, los que me mostraron que sí, que sí podría, siempre y cuando creyera en mis cualidades, y no tratara de competir con cualidades masculinas que no me pertenecían, sino con las inherentes a mi femineidad.

En segundo, las mujeres tenemos una variedad de prioridades que compiten con nuestro propio desarrollo profesional: el cuidado de nuestra familia, nuestras ambiciones profesionales y nuestro autocuidado. En consecuencia, hemos desarrollado la capacidad de ser *multitaskers*, lo que nos obliga a ser más asertivas y organizadas, a atinarle a la primera en nuestro trabajo, a gestionar el tiempo y los recursos de manera óptima; grandes fortalezas.

Además, nuestro instinto maternal es una joya en el ámbito profesional: somos protectoras, empáticas, sabemos trabajar en equipo. Es un privilegio remar en los ríos de la diversidad de género, estimulando cada célula de nuestra femineidad para ser exitosas en lo que sea que nos propongamos.

LA ESCASEZ DE UN GÉNERO

Los seres humanos rara vez tomamos decisiones que sabemos que necesitamos tomar, a no ser que nos veamos forzados a hacerlo. En mi matrimonio, por ejemplo, tenía encerrado en lo más recóndito de mi cerebro el hecho de que éste ya no funcionaba. En su lugar, tenía en primera línea la necesidad de que mis hijas tuvieran un ambiente estable, y yo también, así que cerré los ojos hasta que el supuesto victimario me los abrió a una realidad que a la vista de todos era obvia: su falta de enamoramiento y su búsqueda de amor por otros lados. Claro. Cuando nos quitan la cobija cómplice, el frío es intenso durante mucho tiempo, pero poco a poco vamos dándonos cuenta de que había que pasar el trago amargo para entender la lección y, entonces, permitirnos volver a crecer.

Cuando era vicepresidenta de la Comisión Nacional Bancaria, mi marido se fue de la casa, enamorado de otra señora. Yo estaba devastada, colapsada. Mi hermana María Luisa, siempre cercana en mis momentos más dolorosos, me invitó a Acapulco a pasar mi primer cumpleaños sin mi pareja de vida. Pobrecita, pretendía apoyarme mientras yo seguía con mi mente pegada a mi ex. Lo llamé tantas veces ese fin de semana de mi cumpleaños y no contestaba. Hasta que lo hizo y sólo encontré a un ser frío que se había ido realmente hacía mucho tiempo: «¿Para qué me llamas?». «Fer, es el primer cumpleaños que paso sin ti». «Ya no me llames» fue lo único que recibí como respuesta.

La herida del rechazo quedó tatuada en mi alma desde ese momento. En sus buenos momentos, me hace protegerme contra cualquier maltrato. Unas veces simplemente salgo corriendo del agresor, otras defiendo mi integridad dándole al agresor la información suficiente para comprender que debe respetarme. Sin embargo, la mayoría de las ocasiones me hace reflexionar sobre si acaso esa herida es la que me hace sentir rechazada, cuando en realidad no es así.

Ese día hui hacia Míster Ocean en Acapulco. Me susurró que no me diera por vencida, que lo buscara a él, que le gritara y le entregara mi dolor. Me levanté, caminé hacia su inmensidad y grité: «¡Nunca maaaaás!» Regresé a casa después de ese fin de semana con un empuje insólito. Me devolvió la vitalidad.

#CONSEJO:

Cuando reacciones por impulso, revisa qué herida te está lastimando para poder volver a la ecuanimidad. La conciencia de nuestras heridas nos hace interactuar mejor en cualquier ámbito, incluido el profesional.

Las circunstancias tan deplorables de indefensión en que me encontraba en mi ruptura matrimonial eran producto de las creencias que me rodearon en mi formación temprana. Mientras en la Ciudad de México ya comenzaba el movimiento feminista, en el interior de la República mi generación seguía casándose de por vida, hasta que la muerte nos separara. No había molde para una mujer profesionista, ni para el manejo de su dinero. Yo le daba mi cheque mensualmente al hombre de la casa, quien lo distribuía como bien le parecía. ¡No sabía ni cómo escribir un cheque! Si necesitaba algo se lo pedía, hasta para comprarme un vestido, obviamente, escogido por él.

Un tiempo antes de terminarse mi matrimonio, mi papá, intuitivo, discreto y sabio me preguntó: «Oye, hijita, y ¿qué haces con tu salario?». «Se lo doy a Fernando, papi», le contesté. «Ay, hijita, por favor, abre una cuenta de ahorros para ti». No le hice caso, ¡cómo se le ocurría desconfiar de mi marido! Y no hubo ni para un café cuando Fernando se marchó.

Gracias a Fernando, inicié mi verdadero camino hacia mí misma. Doloroso, como cualquier crecimiento, largo como todo lo que vale la pena. Desde aquella separación no tenía de otra más que volverme yo la cumplidora de mis necesidades y de mis sueños. Aprendí a llevar mis propias finanzas, a hacer mi propia colección de música y a salir a competir por primera vez de manera independiente en el mundo profesional, sin el lastre de la creencia que alguien más se encargaría de mi vida económica. También enfrenté las necesidades de desarrollo de mis hijas, que eran grandes y exigentes —los mejores colegios no aceptaban de mi parte un *para eso no hay*— y siempre encontré los medios para cumplirles.

Pero, ¡también estaban mis propios sueños! Me acostumbré a visualizar uno por uno y a buscar sí o sí los recursos para lograrlos. Es ahí donde la recursividad se vuelve nuestro acompañante más fiel, para buscar los *cómo sí*. Por ejemplo, desde que vivíamos en Nueva York desarrollé un nostálgico deseo de tener un pedacito de espacio para volver cuando quisiera. No había ahorrado para ello, pero en una ocasión, Don Roberto me pidió que lo ayudara a comprar un banco y en retribución me pagó lo necesario para el enganche. ¡Y lo logré! A veces también el universo se alinea para cumplir nuestros deseos. Ahora, después de esa larga jornada, ratifico que Dios te patea para arriba. Siempre.

Años después, en un foro femenino de administración de finanzas para mujeres —efectivamente la mercadotecnia ya detectó esa carencia nuestra—, compartí lo que aprendí de esa experiencia. El conferencista que me antecedía hablaba de diversificar el portafolio. Que si parte en Cetes, que si parte en tierra, que si parte en renta fija... «Qué raro que haya gente que piense qué hacer con el dinero», pensé. Entonces, dije a ese foro de mujeres: «Si estás en pareja o no, piensa como si no lo estuvieras; tienes que lograr tener tú solita, lo siguiente:

1. Un seguro de gastos médicos mayores para ti y para tus hijos, si es que los tienes.
2. Tu casa propia, independientemente de si compartes una con tu pareja.
3. Una estrategia para construir TUS sueños.

Tienes que crear tus propios recursos para satisfacer tus necesidades individuales más básicas, y también para realizar tus ambiciones más altas.»

En mi experiencia, en el modelo que me crie y que aún prevalece en muchas familias mexicanas, ser mujer y la escasez son primas hermanas. No importa cuánto hayamos escalado en lo profesional, nacemos con una voz social de no merecer, de abrazar la escasez sólo por el hecho de ser mujeres, del sufrimiento, de aguantar. Toma mucha disciplina y valentía irnos deshojando poco a poco esas creencias para sentir realmente que podemos competir con el más pintado.

#CONSEJO:

Por más estable que sea tu relación con tu pareja, nunca le entregues a nadie los instrumentos de tu propia felicidad como mujer y como ser humano. Desarróllalos tu misma, crece y disfruta tu individualidad en el proceso. Haz del trascender tus creencias de *no merecer* un motivo de vida. Mereces lo que te propones.

NO LE PUEDES PEDIR A UN JET QUE VUELE DESPACITO

Durante mis años en la Gran Manzana, descubrí mi capacidad femenina de *multitasker* gracias a la cual barajaba mis estudios de doctorado con el cuidado de mis hijas. Cuando eran bebés, me las colocaba en dos cangureras, una al frente y a la otra a la espalda; tomaba un taxi a la universidad y las dejaba al cuidado de pedagogas en el teacher's college, mientras yo hacía mi tesis. Cuando comenzaron a ir al colegio, desde las 4:30 a.m. trabajaba en la oficinita adyacente a mi cuarto, a las 6:30 a.m. me iba a levantar a mis hijas al sonido de ese despertador que les cantaba *Hey, waki, waki, come and dance with me. Baaaaaa*! Entraba a su cuarto a bañarlas, peinarlas y vestirlas; les daba el desayuno —también a mi esposo— y las llevaba a la escuela. Me arreglaba y me disponía a salir. Un día Papá Fer, en una de sus innumerables visitas a Nueva York, me encontró particularmente acongojada con mis múltiples actividades de estudiante, esposa y madre. Con su temple y sabiduría me recordó la altura de mi ambición: «No le puedes pedir a un jet que vuele despacito».

Años más tarde, Instalada en la magnífica oficina de la CNBV, lo primero que hice fue diseñar un pequeño cuartito adjunto que albergaba los cientos de documentos que leía para prepararme para desempeñar mis funciones. Ese pequeño espacio también servía para que María y Juliana silenciosamente se escurrieran con sus mochilas a hacer las tareas sentaditas como un primor, mientras en el salón principal estaba yo en alguna junta de la que me escapaba de vez en cuando para supervisar sus deberes.

Cuando podía, las llevaba al mercado de Sonora a comprarles una iguana, un conejito, un patito. Por las tardes, las llevaba a clases de diferentes deportes. Me tenía que sentar entre las mamás de las amigas de mis hijas a tejer o a comprarles algún pastel, mientras María pasaba hacia la alberca y me saludaba con carita de qué bueno que estás ahí, mami. Obviamente, también tenía que estar en las asociaciones de padres de familia e ir a opinar y tomar decisiones en las reuniones. De adolescentes comenzaron los conciertos de rock y yo tenía que conseguir boletos para todos a los que querían asistir, mandarlas de avanzada con el chofer y alcanzarlas siquiera a mitad del concierto. En tiempos de antro, se iban del colegio con las mamás de sus compañeritas y llegaba justo para ayudarlas a arreglarse e irnos juntas a la fiesta. Les permití empezar a exponerse a ese ambiente desde tan chiquitas porque sentía culpa por no poder estar con ellas. El mismo tiempo que las otras mamás dedicaban a sus hijos yo lo compensaba con permisividad. Fueron las niñas más consentidas del planeta.

Pero, ¿de dónde sacamos las mujeres profesionistas ese complejo de culpa? Pedimos perdón a nuestros hijos por trabajar, por traer los recursos para su educación y sustento. Yo tenía la culpa a todo lo que daba. Sin embargo, como sucede con todo lo que es inevitable, tuve que adquirir la confianza de que así eran las cosas y de que yo hacía mi mejor esfuerzo como madre, pero mi realización personal iba primero al tratar de buscarles sustento y apoyo.

En innumerables ocasiones me veo a mí misma cuando me topo con la típica madre de un bebé o un adolescente hablando por videollamada con sus hijos desde su sitio de trabajo dándoles apoyo y confianza a distancia. Dominé mi culpabilidad pensando en el ejemplo que les estaba dando a mis hijas, dejé de lamentarme por mis tareas y decidí que no merecía volar bajito.

Además de mis hijas en la fórmula multitasking, estaba el marido, los papás del marido, mis propios papás y mis hermanos. Mi papá poco a poco fue compartiendo su paternidad conmigo al cederme los proyectos de crecimiento de cada uno de mis hermanos, tal vez excepto los de la mayor. «Hijita, ahí te mando a Rosa Anita. Fíjate que aquí en el pueblo anda perdiendo seguridad en sí misma. Se me ocurre que aquel concurso de belleza al que te invitaron, te acepten a tu hermana, pienso que eso le va a servir mucho». Y allá iba de chaperona durante el concurso y a hacerme cargo de ella hasta que me fui a estudiar a Inglaterra. Ya casada, viviendo en Nueva York: «Hijita, ahí te mando a tu hermanita Beatriz, quiere intentar entrar a Harvard». Y así estuve al pendiente de su progreso en Boston, enviándole dinero de lo que mi marido me daba para el gasto. Un día llegó papá con un vaso maya: «Hijita, por favor, véndelo para ayudar a Beatricita con sus colegiaturas». Y ahí me tienen entre mi doctorado y mis hijas paseando el artefacto que nunca pude vender y por el que engañé a mi padre al hacerme cargo yo de mi hermana.

Mi tierno y elegante hermano Gustavo, el guapo 3, un día llegó a mi casa casi tomado de la oreja de Beatriz con la instrucción de que no saldría a ningún lado si no terminaba su tesis. Así que, junto con mis escapadas a ver a mis hijas, me tocaba pasar a ver cómo iba mi hermano literalmente encerrado en mi oficina casera.

Los vuelos de Ícaro de María Luisa, mi hermana y alma gemela, llevaban sus proyectos hasta el sol, donde se quemaban sus alas y se iba al infierno, y yo con ella, a salvarla. Una, dos, docenas de veces a lo largo de su grandiosa vida. Luego devinieron las enfermedades de mis papás, que atendí cercana y diligentemente, repartiéndome en mil.

Después de mi rompimiento con Fernando y de la crisis bancaria, tomé a mis preciosas y adolescentes hijas, y escapé de mi propio dolor de abandono, amputamiento, divorcio, para refugiarme en Basilea, Suiza. Ellas no entendían nada: las saqué de su comodidad, de una casota en San Ángel a un departamentito de escasos 20 metros cuadrados. Un día llegaron y me dijeron: «Mami, hagamos maletas, ya convencimos a una vecina de que nos rente la mitad de su casa». En esa casa hermosa del siglo 13, que daba al Rhin, vivimos cómoda y mágicamente el resto de nuestro exilio que duró tres años. En esa casa me volví a repartir entre la vigilancia de su terrible adolescencia, mis viajes por el mundo predicando Basilea y el cuidado que empecé a propinarme a mí misma, junto con las interminables conferencias con mi hermana María Luisa, pendiente del cáncer de mi mamá, a quien traje a Suiza a ver si la curaban. «¿Ya estoy en el cielo?», me preguntaba cuando la llevaba a pasear a la cordillera del Jura.

Mi regreso a la Ciudad de México coincidió con aquellos momentos en que más necesidades hay en las familias: la universidad de los hijos, máxime que me había prometido que a mis hijas no les faltaría nada. Ellas, adolescentes al fin, sin la presencia paterna, traían una enorme confusión. No querían vivir en México después de haber vivido en Basilea. Les angustiaba la vida de guardaespaldas y derroche juvenil de los mirreyes mexicanos, al grado de vivir muy infelices todos los días. No estaban mis bolsillos para enviarlas a Boston, que era donde querían vivir.

¡Pero cómo de que no! Llegué a tener cuatro empleos que requerían cada uno de tiempo completo. Dirigí una consultoría que tuviera que ver con mis habilidades de banquera arregladora de crisis bancarias, organicé la agencia de microfinanzas mexicana y asesoré tanto a Don Roberto González, entonces presidente del consejo de administración de Banorte, como al gobernador de Chiapas en turno. Solo así alcanzó para Boston.

El inevitable carácter multitasking, por la multiplicidad de tareas diferentes que realizamos las mujeres, nos hace ser muy asertivas; nuestra tarea tiene que salir a la primera porque no hay tiempo que perder, ni siquiera en nuestras conversaciones o juntas. Las juntas se tienen que terminar rápido para poder salir corriendo al colegio, el argumento tiene que ganarse a la primera porque hay que acompañar al hospital a nuestra mamá, hay que terminar la terea lo más pronto posible para salir a tiempo al salón a arreglarse para la cena con el marido.

Esa escasez de tiempo para cumplir todas nuestras prioridades es una gran ventaja competitiva en el trabajo. Se llama productividad; o sea, el tiempo que nos lleva hacer una tarea bien y completa es menor en la mujer multitasking en comparación con personas que no lo son. La mía se reflejaba en mis agendas partidas en intervalos de 10 minutos, durante los cuales tenía que lograr los resultados agendados. En las madrugadas estudiaba los temas del día para que me acompañaran para proponer soluciones viables y efectivas.

LÍDERES DE LA MANADA

Mi maternidad me conectó directamente con doña María Luisa. No fue una mamá dulce, sino una mamá cumplidora, multitasker a su manera. Concibió su marimba de siete hijos que, desafortunadamente, ciñeron su frente de manera permanente, en la angustia de la crianza. No nos faltó comida; iba con ella al mercado diariamente con una canastota donde iba echando que si los elotes, que si la carne. No nos faltó el cuidado escolar, las inscripciones, la sesión eterna de forrar los libros. No nos faltó el pastel de cumpleaños que trataba de hacer perfecto, pero que siempre le quedaba chueco, pero rico. No nos faltaron las visitas a sus innumerables parientes donde hallaba consuelo fuera del rol de cuidadora de la retahíla de hijos que tuvo. Mamá no sonreía, no me abrazaba, no tenía tiempo.

No quería ser como ella y, sin embargo, años después me descubrí repitiendo sus patrones en mi propia maternidad. Curiosamente, me conecté con ella cuando mis hijas estaban entrando en la adolescencia, cuando mi exesposo me era infiel al igual que mi papá seguramente lo fue con ella —inferencia mía, dada su tristeza y la conducta de los señores de la época—. Aún la recuerdo sentada en una sillita para niños, casi acurrucada, tomando el sol, con la mirada triste concentrada en el abandono y la decepción.

Ahí, en mi propia decepción, la encontré y me di cuenta de que los surcos más profundos de su cara habían sido labrados no por la angustia de educarnos, sino por la soledad y decepción del engaño. Durante mi propio conflicto, silenciosamente, sin hablarlo, comenzó a ser la mamá que yo quería, esa que me enseñó cómo surcar el yermo de la infidelidad y de la soledad. Nos escribimos cartas durante mi estancia en Basilea.

Regresé de Suiza justo a despedirme de mamá, quien sucumbió ante un cáncer pancreático desolador. Mi hermana María Luisa la había instalado en su casa que estaba apenas a dos cuadras de distancia de la mía, para cualquier emergencia. Todas las mañanas, aprovechando que estaba haciendo home office, podía ir a verla y cuidar de ella. Entraba a su cuarto con mi menjurje batido de proteínas disfrazadas que ya detestaba y torpemente hacía alguna gracia para levantarle el ánimo. Ella me respondía con gestos de niña chiquita, como sacarme la lengua o hacerme trompetillas, a diferencia del trato cariñoso que mi hermana Rosa Ana recibía en correspondencia a la infinita dulzura que todos me dicen que la caracterizó en la etapa final de su vida y que yo no le conocí a plenitud. Ni en su lecho de muerte mi mami y yo recuperamos un trato de mamá e hija. Ahí me di cuenta de que mamá siempre me vio como su igual, salvo algunas excepciones donde me vio vulnerable. Pero a la mamá que sé que fue, he acudido infinidad de veces, en días lluviosos, para darme amor incondicional, ese que todos debemos darnos como las mamás de nosotros mismos para perdonarnos, apapacharnos, y sentirnos los ombligos del universo.

Cuando mis hijas fueron madres, también me encontraron. A diferencia de mí que no hacía reír a mi mamá, aunque sí la atendía, Juliana me divierte pero también me cuida como si fuera yo su tesoro más preciado y frágil. Sin embargo, María ha podido expresar su sentimiento de soledad y abandono al no haberla cuidado de chiquita tanto como esperaba, y ha podido expresarlo en tiempo real. Igualmente, no hay carencia que note o yo le exprese a María sin que acuda presurosa a solucionármela, hasta el último detalle. La maternidad nos volvió un trío inquebrantable, como una pareja triple. A veces una se vuelve la hija a la que hay que cuidar por la fragilidad del momento, a veces las otras somos las mamás, pero también logramos estar al mismo nivel para disfrutar plenamente que nos tenemos.

En comparación a mí cuando tenía su edad, mis hijas me rebasan con creces en diversos campos. En lo profesional, son los más comprometidos, efectivos y exitosos apoyos con los que cuento en Financiera Sustentable. Su capacidad multitasking altamente desarrollada les permite ser buenas madres, esposas, hijas y amigas. Ellas me han enseñado que la compinchería es elemento esencial de la relación madre-hija. La maternidad es la luz de mi vida.

Todas las que hemos sido mamás sabemos lo que se siente cuando tienes por primera vez en tus brazos a tu hijo, aún rosadito, hinchadito, indefenso y bello. «Te voy a proteger siempre», he de haberle dicho a María y después a Juliana. Cumplir esos compromisos ha implicado una inimaginable epopeya, como todas las mamás del mundo sabemos.

Nuestro instinto materno nos hace ser buenas líderes, cuidar la manada y ver a nuestros semejantes a los ojos con compasión y empatía, lo cual tiene un poder inconmensurable en el impacto de nuestro liderazgo hacia los demás. Por ejemplo, en el manejo de la crisis bancaria, ahora lo veo, me conduje desde mi instinto protector. Me salió lo maternal con sus dueños y traté de buscar la mejor solución para cada uno de sus bancos o, cuando menos, comprender sus decisiones de venderlos. Cada banquero vio su sueño derrumbado en tan sólo dos años de privatización, cuando el modelo mexicano de privatización había sido ejemplar en el mundo entero. Puedo contar sus historias una por una.

«Dame 24 horas y préstame a tu director general para que te planteemos un programa de salvataje de tu banco», le dije a un banquero triste que había decidido aceptar la oferta de un banco español para adquirir el suyo. Pasamos la noche en vela y al día siguiente le presentamos exhaustos nuestro plan, pero con lágrimas en los ojos nos comunicó su decisión de haber aceptado la oferta española. «Estoy agotado y ya no puedo sacar más capital de mis accionistas. Lo siento, Patricia.»

A uno de los principales bancos no lo dejaron fusionarse con su par, así que los accionistas prefirieron vender que quedarse sin la economía de escala suficiente para ser competitivos a nivel internacional. Ya en Basilea, me llamó el director general y me dijo: «Paty, recuerdo que hiciste un análisis de nuestra cartera hipotecaria porque estabas muy preocupada de que esa cartera nos ocasionara muchos problemas. No sabes cómo te lo agradezco porque pude saber dónde estaba parado y entonces tomar la decisión de vender el banco.»

En un sitio de esquí me encontré a otro banquero que había abandonado su banco antes de que yo lo interviniera. Lo perseguí en la nieve y cuando finalmente lo alcancé lo convencí de que regresara a México a defender su banco. Una noche, meses después, me llamó para decirme que había regresado, pero que era inútil porque su banco ya había sido prometido a otro para fusionarse.

El ejercicio de mi instinto materno en mi oficio de supervisora hizo toda la diferencia. Me formó un liderazgo que me dio credibilidad y ayudó a que mis sugerencias y políticas fueran más efectivas. Todos los banqueros sin excepción encontraron en mí un hombre de apoyo y comprensión que los ayudó a desnudar su verdadera situación financiera, me hablaban con transparencia y pude entenderme con ellos. Aprendí a admirarlos a cada uno por lo que valían y a tener la humildad de consultarlos sobre lo que cada uno de ellos sabía sobre el funcionamiento de los bancos desde la *praxis*.

Gracias a esa confianza años más tarde, como consejera de Banorte, Enrique Castillo me contó sus preocupaciones por el banco que dirigía y su disposición de considerar una fusión con el banco de Don Roberto, de quien tenía la encomienda de buscar bancos con quiénes fusionarse, misma que logramos un año después de negociaciones.

La actitud maternal conlleva también coraje para defender lo nuestro. Por ejemplo, el escándalo de Fobaproa por las cantidades de dinero que se perdieron en la crisis bancaria, ocasionó que el congreso contratara a un auditor canadiense para que dictaminara nuestro comportamiento y el destino de los recursos. Durante meses, contribuí a su tarea de la manera más transparente. Sin embargo, dictaminó que pudimos haber actuado mejor. ¿Cómo podía haberse actuado mejor en un ambiente donde no existía legislación de manejo de crisis bancarias? ¿Bajo qué criterios el auditor llegaba a esa conclusión? En ese momento yo ya contaba con muchos conocimientos y miles de documentos que probaban nuestro buen actuar en el manejo de la crisis y buena reputación internacional. En consecuencia, con todo mi valor y coraje tuve que discrepar y sentenciar que yo me encargaría de demostrar al mundo que su dictamen no estaba basado en toda la evidencia. Fue tal el peso de mi intervención que el auditor acordó volver a revisar los expedientes para reconsiderar su dictamen.

Nos encerraron a los supervisores en un hotel, revisaron nuestros portafolios, nos prohibieron toda comunicación con el exterior y pasamos a exponer a una especie de tribunal de auditores la evidencia de cada salvataje bancario que habíamos realizado. La conclusión desdijo el primer dictamen. Entonces aprendí que el coraje de una mujer que defiende su razón como su hijo, es una de sus armas más efectivas. El instinto maternal también se traduce en compromiso con tu empresa. Es un valor invaluable como mujer profesionista.

Y bueno, lo demás sale por añadidura.

LA ACOMPAÑANTE DEL REY

Durante el tiempo que asesoré al gobernador de Chiapas, le diseñé presupuestos que fomentaran la creación de empleo. Sin embargo, a ese político, como a otros tantos que le siguieron, le picó el mosco del poder, lo elevó hasta los cielos y su misión real dejó de importarle.

Un día me pidió que lo apoyara a conseguir fondos para adquirir un equipo de futbol para Chiapas y no pude hacerlo, lo cual creo que decepcionó a nuestro gobernador. A partir de ese día mi relación con él se deterioró ostensiblemente. Sin embargo, mi enojo alcanzó su clímax un día que estábamos María del Carmen Díaz Amador, quien dirigía un banco de desarrollo para las microfinanzas, y yo esperándolo para presentarle un programa para Chiapas.

En aquél entonces vivíamos el boom de microcréditos en México, una bola de nieve que operaba de la siguiente manera: le preguntaban al solicitante si quería un crédito (¿quién no va a querer un crédito? ¡Por amor de Dios!), a lo que contestaba que sí, por supuesto, y juraba por lo que más quería que sí iba a pagar, sin siquiera saber qué era una tasa de interés del 150%, que era el promedio que se les cobraba. Con ese esquema, por lo menos una quinta parte de los acreditados no pagaba, pero las microfinancieras tenían suficientes ingresos con las tasas que pagaba el 80% restante que apenas salía a flote. Los morosos caían en pérdidas en sus libros y en el buró de crédito, lo que les impedía que los acreditados tuvieran otra vez acceso a un préstamo. Gracias a esta conducta depredadora, miles de acreditados no han podido salir de la trampa de no poder ser sujetos de crédito por haber quedado señalados como malos pagadores en el buró de crédito.

Mi posición al respecto es muy opuesta a ésta: un microcrédito debe otorgarse a partir de un profundo análisis de la capacidad de pago del acreditado y con la intención de que te paguen. Por lo tanto, mi planteamiento ante el gobernador de Chiapas era que, si queríamos dejar un sistema financiero que ayudara a los pobres a progresar, necesitábamos darles créditos que ayudaran a sus negocios a una tasa que pudieran pagar, sin que fueran tampoco dádivas a fondo perdido. Sólo así el gobernador podría dejar un Banco de Chiapas sostenible que trascendería su sexenio y muchos otros más.

Sin embargo, el gobernador ya estaba muy enojado conmigo por el asunto del equipo de futbol y por el regaño facial que le propiné alguna vez por solicitarme asistir a una importante reunión «con mis mejores vestimentas» para la cual no requirió de mí más que mi presencia mientras él atendía asuntos ajenos al trabajo con una señorita muy atractiva. Cuando entró su majestad a la sala donde Mari Carmen y yo lo esperábamos con nuestra presentación, le dijo a ella: «Señora secretaria, muchísimas gracias por venir a atendernos, pero no voy a escuchar su propuesta porque está viciada con la asesoría de la Dra. Armendáriz». Y se fue. ¡Y yo también!

Con mucha tristeza comprobé la conducta interna de muchos gobernadores, al menos para Chiapas, donde lo he presenciado. Al inicio de su sexenio los súbditos comienzan a tratarlo como un rey hasta que pierde el piso, se viste de poder por seis años, se emborracha de aplausos y logros de humo que quedan sólo cumplidos en papel y los recursos se aseguran en bolsillos privados de dizque contratistas, para mantener el sangrado del estado más pobre de México y la desesperanza de sus habitantes. Ese gobernador en la tarima es aquel que sus sucesores quieren ser y cuando lo logran, lo replican. Ejecutan esa danza de libélulas cada vez hacia alturas más insospechadas, hacia actos de corrupción más impensables que les dan los recursos para su sueño de grandeza. Se vuelve un *estatu quo* autosustentable.

Pero, también mi experiencia comprobó la práctica de muchos hombres de tratarnos como objetos decorativos de su propiedad. Nos faltan muchos años de lucha para enfrentar a esos sujetos, para acabar con sus faltas de respeto y violencia. Lo curioso es que, así como las mujeres debemos apoyarnos para que todas reconozcamos nuestro valor, es a los hombres a quienes les toca reflexionar sobre sus malas prácticas que violentan constantemente, voluntaria e involuntariamente.

#CONSEJO:

Nunca permitas ni des pie a que te traten como un objeto decorativo porque implica aceptar la falta de respeto y te harás cómplice de las agresiones a nuestro género.

BANQUERA SIN NIÑERA

El mundo de los banqueros, al menos de mi tiempo, exudaba masculinidad: los trajes de corte intachable, el pelo brillante perfectamente pegado a su cráneo, el abrazo truena espaldas, su caballerosidad en el *show room*. Poderosos, masculinos, líderes, dominantes, viriles... hasta que se acercaba una mujer profesionista. Entonces se callaban, se acababa la conversación, el chiste que estaban contando, la soltura del ambiente y empezaba a tensionarse sutilmente mientras te miraban con la pregunta muda entre los dientes: «¿Qué haces aquí?». Ellos se sentían invadidos con mi presencia en su privado mundo masculino; ya no podían contar bromas; no sabían cómo reaccionar a mis sensiblerías; me veían con ojos de marido que no toleraría que su esposa estuviera en mi lugar, abandonando su hogar. La pieza incómoda del rompecabezas del masculino mundo de las finanzas.

En mi primer viaje internacional como miembro del equipo de la Secretaría de Hacienda era la única mujer, para variar. Habíamos ido a Suiza a una misión especial con un equipo de profesionales de Banco de México. «¿Dónde nos vemos para cenar?» fue mi primera pregunta al llegar al hotel después de nuestro viaje transcontinental. Mi pueblerina inocencia me ha hecho siempre ser más amistosa y cercana que lo que las costumbres mexicanas marcaban en esa época entre compañeros de trabajo, pero lo cierto es que las que había no estaban diseñadas para mujeres. Mis compañeros se quedaron viendo entre sí sorprendidos y algo indignados.

Ya en la cena me preguntó uno de ellos: «Y... ¿con quién dejas a tus hijos cuando haces este tipo de viajes?». Ahí estaba todo. Les platiqué a mis compañeros mis peripecias para poder dejar a mis hijas a cargo de mi marido y de lo mal que me sentía abandonándolas. También les pregunté cómo le hacían ellos mismos.

Pasando los años perdí mi candidez femenina en ese ambiente. La inevitable condición masculina de voltear a verme las piernas me hacía sentir que las tenía que esconder para no sentirme vulnerable. Empecé a actuar como hombre, a vestir como hombre, con la falsa esperanza de encajar en los equipos formados por puros varones. Creía que mi asertividad complementaba muy bien mi atuendo masculino, pero eso sólo aumentó el rechazo hacia mí. Lo mío era estudiar y estudiar tanto en los libros como en el campo para ser más efectiva en mi trabajo, hasta que llegaba a ser muy buena en lo que hacía, lo que los incomodaba. Ahora lo sé, tenía que trabajar y discutir el doble para que aceptaran mis ideas. Me llamaban «La dama de hierro» y no faltaban los chistes de pasillo: ¿En qué se diferencia la doctora Armendáriz de un rottweiler? En el lipstick. Mientras más masculina quería mostrarme creyendo que así me asimilaba mejor a ellos, más amenazados y cerrados se volvían mis compañeros.

Por otra parte, durante mi estancia como reguladora del Banco de Pagos Internacionales, aprendí que no es sólo en México donde las mujeres peleamos por nuestro lugar. Hay países con más obstáculos. Los países árabes, por ejemplo, pues cada vez que los visitaba tenían que armar un baño exclusivamente para mí, porque no había más mujeres en el ámbito profesional. También me tenía qué vestir de *abaia*, el uniforme tradicional para todas las mujeres para salir a la calle.

Me sentía frustrada hasta que un día fui a visitar a mi amiga Isabel a Washington, quien ya se desempeñaba en un importante puesto directivo en el Banco Mundial y con quien he compartido el gusto por el buen vestir. Con una gran discreción Isabel me vio de pies a cabeza y yo le devolví la barrida, pues normalmente competíamos amigablemente con nuestros atuendos, pero en esta ocasión nuestras vestimentas no eran comparables. Era como tratar de comparar un samurái con una modelo sacada de una revista Vogue. Ella traía unos pantalones negros anchos, con una blusa de seda blanca y un saco vaporoso azul turquesa que se complementaba con unos coloridos aretes exquisitos de pedrería y unas zapatillas de punta. En cambio, yo llevaba unos pantalones azules a rallas, camisa blanca de algodón cerrada hasta el último botón, saco ancho cerrado de la misma tela que la de los pantalones, perlas pegadas a las orejas en juego con mi collarcito. Una vestimenta segura, una armadura a prueba de la aceptación masculina. «Paty —me dijo—, esa no eres tú». «Isita, ¿cómo es posible que puedas vestirte como tú en tu trabajo?, ¿no se ríen de ti los señores?». «Al contrario, mientras más asimilo mi femineidad, más efectiva soy en mi trabajo».

Entendí que, si aprendía a usar el poder de mi femineidad como eje de liderazgo en mi quehacer profesional, la ropa de hombre me estorbaba, al igual que mis actitudes masculinas prestadas. Podía, entonces, vestirme como la mujer que soy. Solamente con mi conocimiento y asertividad, mi instinto maternal y mi capacidad de llevar a cabo muchas actividades al mismo tiempo podría lograr ese lugar en el mercado laboral que tanto buscaba y necesitaba. No con amenazas, con cuotas que denigran nuestro trabajo —¿a qué mujer le gustaría que le propongan un trabajo para cumplir con el requisito? A partir de entonces el machismo masculino me divierte, me hace crecer. Finjo no entender que es un ataque y escojo contestar franca y llanamente con una sonrisa totalmente bien intencionada.

No obstante, por supuesto no todos los hombres fueron hostiles contra mí. Hubo algunos amigos banqueros que me apoyaron siempre. El más fuerte representante de los que me han apoyado ha sido Adalberto Palma, junto con mis hermanos y mis mentores. Al poco tiempo de conocerlo comenzó a sacar mi voz. En aquel entonces era insegura, así que me hacía hablar en las reuniones de expertos en finanzas que organizaba en viajes de clientes de la casa de bolsa que dirigía. Poco a poco aprendí que sacar nuestra voz profesional desde nuestra femineidad enriquece cualquier tema.

Desde entonces, Adalberto ha sido la voz masculina que me ha empoderado como mujer en su mundo de hombres. En una ocasión, ya en Basilea, me invitaron a la convención bancaria para recibir un reconocimiento por parte de la Asociación de

Banqueros de Mexico. En la cena presidencial me asignaron el lugar más lejano posible, lo que implícitamente decía que ya estaba fuera de la jugada, que era una invitada fuera del círculo. Adalberto fue el único banquero que atravesó la línea de la marginación y se fue a sentar conmigo.

Las mujeres profesionistas necesitamos muchos Adalbertos Palmas y sus amistades francas. Asimilar características masculinas que no nos corresponden se revertirá en nuestra contra. La femineidad es el mejor medio para comunicarnos.

UNA AMAZONA EN LA LÍNEA DE COMANDO DEL TLC

En 1990, después de haber terminado mi doctorado en economía laboral y haber sufrido dos fracturas en nuestra economía familiar por el trabajo especulativo de mi esposo, conocí al mentor más importante de mi vida después de mi papá, Pedro Aspe. En aquella reunión con sus pupilos, mis compañeros de Columbia, para ponerse de acuerdo sobre su regreso a México volteó hacia mí y me preguntó qué iba a hacer. «Voy al Banco Mundial», le dije. «¿Por qué no México?». «Porque mi esposo es corredor de bolsa, colombiano y trabaja en Estados Unidos». Ni tardo ni perezoso, con el apoyo de mis otros compañeros, armó un esquema en el que mi marido tendría un puesto en la recién privatizada banca mexicana y yo sería su asesora, cuando en realidad éramos todos aprendices.

Nunca me gustó el rol del dinero en la economía por lo que me había especializado en economía del trabajo. «El dinero es un velo» decimos los economistas seguidores de Keynes, —en mi opinión, el padre de la economía real—, pues no tiene efectos reales a largo plazo. Sin embargo, como asesora de Pedro, me puse a estudiar la apertura de servicios financieros y su impacto e implicaciones entre países. Lloraban mis ojos por la aridez de ese tema para escribirle notas de lo que había aprendido durante cada día. Ignoraba para qué le serviría mi especialización, mientras veía con envidia a mis otros compañeros haciéndose cargo principalmente de temas de privatización, hasta que finalmente lo descubrí. El presidente anunció las negociaciones del Tratado de Libre Comercio y Pedro me presentó como la experta en materia de liberalización internacional de servicios financieros.

El proceso de negociación se desarrolló dentro de una maquinaria de profesionales de todas las disciplinas. Del lado de México éramos cientos de profesionales, divididos en diferentes rubros de especialización. Nunca estuvimos juntos, pero si nos hubieran puesto en orden de batallón, verían en primera fila a los técnicos, armados hasta los dientes con conocimientos para lograr los objetivos comunes entre naciones. En la montaña, (pienso en *Game of Thrones*), estaban montados a caballo nuestros capitanes, observando la batalla y llamándonos de vez en cuando a realinear estrategias y recibir órdenes. Como última instancia de negociación, estaban nuestros Secretarios de Economía, Hacienda, y el gobernador del Banco de México, casi invisibles. En los flancos estaba el sector privado para asesorarnos sobre lo que les convenía y no les convenía. Y, que yo recuerde, era la única mujer.

En el sector de los servicios financieros, la cabeza de sector era la Secretaría de Comercio y Fomento Industrial y nosotros el custodio del sistema bancario. Éste era la pieza más importante de cambio en términos de su apertura a la competencia externa a cambio de la apertura de Estados Unidos y Canadá a nuestras exportaciones en otros rubros. La lucha de titanes entre los subsecretarios de Economía, la SECOFI, Hacienda y Relaciones Exteriores era, desde mi percepción, diplomática entre ellos, pero muy tensa en las huestes de abajo que les reportábamos. Ya la hegemonía interna dentro del equipo de negociadores en el rubro financiero era complicada, pero para hacerlo más complejo, el Banco de México se incrustó a la fuerza argumentando su utilidad como guardián del sistema de pagos del país. Sin embargo, de manera interna luchaban las diferentes áreas por representar al equipo negociador.

Será porque me tocó trabajarlo desde el lado mexicano que siento que México le echó toda la carne al asador en esfuerzo y aportación de sus mejores tecnócratas, en comparación con Estados Unidos y Canadá, los cuales siento que se la tomaron más tranquila. Después de todo, los que venían a exigir apertura de parte nuestra eran ellos, no necesitaban tanta gente y tanto esfuerzo.

En ese ambiente de machos alfa en choque me encontraba yo, la única mujer. En innumerables ocasiones tuve que ratificar mi rango a punta de conocimiento y estudio para ser respetada, pues mi participación les incomodaba a muchos. Para ser tomada en cuenta en su mundo debía ser impecable con mis argumentos. Mis contribuciones ayudaron a dar forma a las negociaciones de apertura de nuestro sistema bancario a la competencia de nuestros socios comerciales. Era muy satisfactorio ver cómo posaban sus miradas en mí para contestar al equipo del otro país sobre temas técnicos y el valor que me daba el conocimiento para tomar el micrófono y esgrimir un argumento negociador.

Como mujer en un ambiente de hombres poderosos tuve que abrirme espacio a punta de pestañas quemadas y noches de estudio. Fue muy difícil. Sólo me salvó estar consciente de que nadie sabía más que yo sobre el tema de barreras regulatorias y lo útil que yo era por eso en las negociaciones. En esa etapa de mi vida no entendí que una mujer compite con los hombres profesionalmente con la asimilación máxima del conocimiento y con su condición femenina.

Y es que me di cuenta inmediatamente de que, para poder jugar con las mismas cartas de Estados Unidos, tenía que entender primero su supuesta posición de apertura. Los libros efectivamente hablan de las grandes ventajas del libre tránsito de servicios financieros en el mundo. En papel, en un mundo ideal, los bancos de Estados Unidos vendrían a México a proveer sus servicios en aquellos nichos donde eran más competitivos y nosotros, los consumidores, nos beneficiaríamos con una mayor variedad de productos y a un mejor precio. Lo mismo sucedería con los seguros y los valores.

Sin embargo, en Estados Unidos 75% de este mercado estaba concentrado en un puñado de bancos gigantes, todos poseídos por inversionistas estadounidenses. En ese caso, ¿realmente estaban abiertos a la competencia bancaria como insistían que nosotros lo estuviéramos? Además, ¿su propuesta de trasplantar el corazón del sistema de pagos mexicano a Estados Unidos era recomendable? Estudiando descubrí que eran muy pocos los sistemas bancarios en el mundo que tenían en manos extranjeras su sistema de pagos. Si bien, no había libro o análisis serio que mostrara lo negativo de esta situación, los gobiernos nacionales por lo general preferían que sus bancos nacionales fueran los que lo manejaran. Es lo ideal, pues de lo contrario nuestra política monetaria estaría dictada desde el extranjero.

Otro gran tema consistía en si era preferible abrir el sistema bancario a través de sucursales o subsidiarias que se rigieran por la regulación local como bancos autónomos de sus casas matrices y con su propio capital constituido localmente. La postura más guardada por Banco de México se inclinaba por la segunda, pues, de esta manera, se evitaría entregar nuestra regulación bancaria a los países en donde se encontraba la casa matriz y se hacía obligatorio circunscribir a los bancos de capital nacional o extranjero a nuestra propia regulación. A pesar de que en México tratemos de homologarnos a la mejor regulación dictada por Basilea, siempre debe existir regulación local que trabaje en beneficio de nuestros habitantes.

También, caí en cuenta de que no solamente la competitividad y eficiencia del sistema bancario estadounidense eran sus únicas barreras de entrada, sino también su regulación, sus leyes bancarias estatales y federales. Es absolutamente imposible cumplir con ambas cuando uno quiere adquirir un banco grande con presencia en todos sus estados, pues algunos se acogen a una ley que, por su diseño, no permite que los depósitos de los ahorradores locales se inviertan en otros, mucho menos en otros países. Además, la hipótesis de que los consumidores mexicanos nos beneficiaríamos con más y mejores productos extranjeros era parcialmente correcta. Los bancos de Estados Unidos y Canadá se especializan en consumo, tarjetas de crédito, automóviles y vivienda media, por lo que no vendrían a hacer banca local ni a ampliar la gama de préstamos productivos; para eso necesitábamos bancos fuertes locales.

Estados Unidos reclamaba que México permitiera inmediatamente la instalación de sucursales de todo tipo de entidad financiera con el fin de alcanzar el libre comercio transfronterizo de servicios financieros. Sin embargo, este concepto iba más allá: necesitaban y exigían oportunidades iguales para competir. En consecuencia, si, por ejemplo, una sucursal bancaria se veía imposibilitada para competir con las mexicanas por alguna de nuestras leyes, tendríamos la obligación de removerla. Realmente, estaban pidiendo que permitiéramos en nuestro país figuras financieras que no teníamos: los famosos *non-bank-banks*, entidades que otorgan créditos, pero no están autorizadas para captar del ahorro del público en aquel país.

La estrategia sería, por un lado, fortalecer lo suficiente a nuestros bancos nacionales durante un tiempo razonable —apenas un año antes se había privatizado la banca—, antes de enfrentarlos a la competencia extranjera y, por el otro, realizar la apertura por medio de subsidiarias como compañías independientes con su propio capital en México, no sucursales. Creamos la figura de las sociedades financieras de objeto limitado, las famosas SOFOLES —después se convirtieron en sociedades financieras de objeto múltiple (SOFOMES)—, las cuales pueden captar recursos por medio de instituciones gubernamentales, instituciones bancarias o de sus accionistas, mas no del público en general, y que su principal objetivo es otorgar créditos.

En esta posición teníamos que resistir todo el año de negociaciones a través de contraejemplos que evidenciaban la falsa apertura de Estados Unidos que me había dedicado a estudiar. Éramos el último bastión de defensa que sería entregado una vez que los negociadores del sector no financiero real estuvieran satisfechos de lo que habían logrado en términos de apertura de Estados Unidos y Canadá. Finalmente, sonaron las trompetas entre nuestros jefes anunciando que ya podíamos ceder y logramos un proceso de apertura lento y gradual a diez años, tiempo que yo creía necesario para estar listo para enfrentar la competencia externa. Lamentablemente nuestros esfuerzos chocaron tres años después con la apertura a ultranza que tuvimos que realizar para salvar el sistema bancario mexicano herido de muerte por la crisis de 1994.

El hecho de ser la más preparada en el hito en el que contribuí al Tratado y mi conocimiento a prueba de balas pudo contrarrestar las agresiones de género. Aun así, tal era la incomodidad para interactuar conmigo que, tan pronto terminaron las negociaciones en las que ya no se necesitaba mi especialidad para la redacción del Tratado, llamaron a Pedro para decirle que me quitara de encima, así que me llamó de vuelta.

Yo regresaba triunfalmente con la labor cumplida, lista para pedir mi recompensa de poder trabajar en el sector real, en algo que no tuviera que ver con finanzas, cuando me preguntó: «¿Qué aprendiste?». «Que es indispensable homologar la regulación en los tres países», respondí. Levantó el teléfono y llamó al presidente de la Comisión Nacional Bancaria para avisarle que me enviaría a apoyarlo a homologar la regulación y supervisión de México con los otros dos países. Otra vez, el sector financiero.

Hace poco me encontré a un querido banquero que me apoyó desde su banco a financiarme cursos de capacitación para los Niños MACRO, ya en la Comisión Nacional Bancaria. «¿Por qué me apoyabas?» Le pregunté. «Porque te veía moverte entre nosotros, con argumentos contundentes de para dónde llevar a la banca, y veía a mis compañeros desdeñar tus argumentos, sólo por ser mujer, cuando técnicamente tenías toda la razón», me contestó.

LA MUJER CORPORATIVA, EMPRESARIA, CONSEJERA

Los seres humanos soñamos para realizarnos en la vida, pero algunas mujeres nos quedamos sólo en la aspiración. No nos creemos que podemos lograr lo que queremos ni nos atrevemos a exigir un salario justo en parte porque no creemos que lo merecemos, tal vez porque en nuestra casa nos siguen insistiendo que la única aspiración a la que podemos acceder es ser madres y que no merecemos más. (Ya ni siquiera un largo camino al lado de una pareja, dadas las crecientes rupturas matrimoniales). Nuestros sueños son más altos y sus riesgos más pronunciados.

Los puestos corporativos muchas veces ignoran que las mujeres tenemos una mayor diversidad de prioridades que compiten con el tiempo dedicado a lo profesional. Aunque ya muchas empresas se están planteando la posibilidad de tener horarios más flexibles, aún hay resistencia. Nuestra productividad y nuestros resultados probarán que merecemos condiciones de trabajo justas y con perspectiva de género.

Muchos tratados de género hablan del famoso techo de cristal en el mundo corporativo, ese que no deja crecer profesionalmente a las mujeres más allá de dicha barrera; en México, en efecto, es grueso. Esta limitante en realidad existe en algunas compañías, sus políticas limitan institucionalmente que muchas veces podamos lograr nuestros sueños dentro de las paredes rígidas corporativas porque aquí no cuentan nuestros conocimientos técnicos ni nuestra experiencia profesional como armas para sobresalir. Los sistemas político y corporativo han tratado de enfrentar la brecha profesional entre hombres y mujeres estableciendo cuotas de género, una alternativa para darnos nuestro lugar a partir de estas designaciones arbitrarias y que no ataca las verdaderas razones por las que esa brecha existe.

Creo que las mujeres debemos negarnos a estas estrategias que atacan la forma y no el fondo. También debemos reflexionar y ser honestas con nosotras mismas: ¿realmente nuestra condición femenina fue la razón de no obtener el puesto aquel? Cuidado con las exageraciones, que pueden contrarrestar nuestros esfuerzos y construirnos barreras creadas por nosotras mismas. Nuestras excusas para escalar o el refugiarnos en el pretexto del género solamente fortalecerán ese techo.

No obstante, cada vez que sea obvio que, a pesar de ser las mejores para un puesto, nos nieguen las posiciones por nuestro género, nos exhorto a pelear nuestros escaños con nuestros méritos, creyendo en ellos, asumiendo que los merecemos, luchando por lo que queremos y alzando nuestra voz. Nuestro esfuerzo colectivo por visibilizar la violencia corporativa, el trabajo duro y el uso de los poderes de nuestra femineidad poco a poco, golpe a golpe, podrá romper el techo de cristal y nos permitirá ir hacia las alturas que merecemos escalar.

Una forma de trascender el techo de cristal es a través del emprendimiento, pues ahí la mujer tiene la oportunidad de seguir creciendo. En mi experiencia, esta barrera me impidió ser directora general de Banorte, pero mi rechazo absoluto a esta imposición cultural, mi convicción de que solamente yo podría determinar el rumbo profesional que necesitaría para lograr mis sueños profesionales y el haber encontrado mi hilo dorado de ayudar a los más necesitados a través de la inclusión financierame lanzaron a lo desconocido en el rumbo del emprendimiento sin miedo de enfrentar cualquier obstáculo que se me presentara. Conocer mi meta, mi pasión y voluntad de llegar me ha mantenido de pie después de tantas rodillas lastimadas y marcadas por el sendero del fracaso y el aprendizaje.

Pienso que el camino de la mujer empresaria es muchísimo más ameno en lo que se refiere a la naturaleza de sus prioridades, entre ellas su carácter maternal y de cuidado de su familia. La mujer emprendedora puede hacerse tiempo para todo esto, sin necesidad de horarios corporativos, y su valor de compromiso materno lo aplica a SU propia empresa. Sin embargo, desafortunadamente, también enfrentamos la inseguridad de emprender un camino lleno de potenciales fracasos. La creencia de que si no tenemos los recursos financieros *ex ante* no podremos y la creencia de que no merecemos ir por nuestros sueños son los obstáculos más importantes para el emprendimiento femenino. En nuestros ascensos como emprendedoras nosotras nos ponemos nuestras propias barreras ignorando nuestros grandes poderes para lograr cualquier cosa que nos propongamos. Sólo necesitamos, como cualquier emprendedor, que el tamaño de nuestro sueño se equipare al tamaño de nuestra voluntad para lograrlo. Nada más. Y nada menos.

#CONSEJO:

El tamaño de nuestro sueño debe ser igual al tamaño de nuestra voluntad para lograrlo.

Nuestras características innatas y diferenciadas, complementadas por nuestros conocimientos técnicos nos hacen excelentes candidatas para ocupar puestos en consejos de administración. Defendemos a las instituciones con las uñas, nos entregamos a ellas con nuestro acostumbrado compromiso y arrojo, no dudamos en expresar públicamente lo que creemos que es bueno para la Institución. Sin embargo, en México escasas somos las mujeres llamadas a desempeñar esos puestos, precisamente por los atavismos en contra del liderazgo femenino en algunas corporaciones. En mi caso, he sido considerada para participar en muchos consejos precisamente porque he logrado trascender las barreras apalancada en mis conocimientos y compromiso innato con mis proyectos, los cuales han probado ser de utilidad para las instituciones.

Por eso digo que cualquier entidad corporativa no se debe disparar el pie sobreponiendo atavismos sobre el valor de un colaborador por su género.

Los consejos son mayoritariamente masculinos, por lo que pueden encontrar incómoda nuestra participación y puntos de vista femeninos. También esos grupos pueden llegar a intimidarnos. Y mucho.

Recientemente asistí a una de las sesiones de un grupo de mujeres que promueven la ocupación femenina en puestos de consejos de administración, como consejera independiente de Banorte durante una década y consejera de otras empresas como la española Titularizadora de Activos, la multinacional Kiwi, y como presidenta del consejo de Na-Bolom. Para poder aportar a la conversación, recordé mis métodos para vencer mis miedos de intervenir durante las sesiones. Siempre me pregunto: «¿Qué valor vas a aportar a la empresa con tu comentario?». Si mi respuesta es positiva, sobrepongo mis miedos y suelto mi voz. También tengo presentes siempre mis conocimientos técnicos y mi experiencia, así como el valor que aporta mi condición femenina.

EL MÉXICO FEMENINO

Estamos presenciando actualmente un choque de trenes entre los usos y costumbres de creencias de muchos hombres sobre el rol de la mujer como objeto, cumplidora, sumisa. La fuerza interior femenina se encuentra en pleno despertar y busca expresarse en todos los ámbitos. Nuestros sueños y voluntad para lograrlos podrán deshacer las creencias masculinas ancestrales. Desafortunadamente, habrá muchas mujeres que se queden en el camino, a quienes habremos que reconocer y honrar. Serán también nuestra fuente de inspiración para ocupar el lugar que nos corresponde. Nunca se ha ganado una batalla sin pérdidas.

El reto de la mujer mexicana y de cualquier nacionalidad es encontrar su hilo conductor y luchar con todo por seguirlo, usando nuestro poder interior innato. Tenemos que trabajar duro en nuestra autoestima, disolver los estigmas con los que nacimos y nos han educado. Debemos iniciar con el respeto hacia nosotras mismas y exigirlo también en nuestro quehacer profesional y doméstico. Maximicemos nuestras virtudes femeninas para lograr nuestros sueños por nosotras mismas: el multitasking para ser más productivas; nuestro espíritu de liderazgo y determinación que nutre el trabajo en equipo y la empatía; y el instinto protector, maternal, confiable que nos hace defender principios e instituciones, y nos incita a tomar más riesgos y, en consecuencia, obtener mayores rendimientos de nuestro esfuerzo.

Como por la brecha nuestros sueños se ven más inalcanzables, nuestra fuerza y fortaleza también se magnifican. Somos capaces de realizar verdaderas epopeyas de realización personal y profesional. Sólo tenemos que creer en el poder de nuestra femineidad y traspasar nuestros tabúes. Mujer y fregonería son sinónimos. Siempre.

DEDICO ESTE CAPÍTULO A

**TODOS LOS BANQUEROS QUE
ME ENSEÑARON A DETECTAR,
PREVENIR Y ADMINISTRAR
MIS RIESGOS.**

EL PODER
DEL RIESGO

CAPÍTULO 4

«LA ÚNICA ESTRATEGIA QUE GARANTIZA EL FRACASO ES NO TOMAR NINGÚN RIESGO.»

MARK ZUCKERBERG

Todos los días en nuestro escalamiento enfrentamos riesgos de caernos hasta el fondo y tener que empezar otra vez. El riesgo se define como la probabilidad de pérdida o de fracaso. Siempre tenemos la capacidad de identificarlo, de medirlo. Y al hacerlo, tenemos también la capacidad de prevenirlo y administrarlo. «¿Qué es lo peor que te puede pasar y cómo vas a manejarlo?» solía preguntarme mi amiga Cheli, otra amazona de mi vida, cuando le consultaba sobre alguna encrucijada que me exigía tomar una decisión. Por el contrario, no identificar, medir o administrar los riesgos puede mandarnos al precipicio y colocarnos en costosas crisis que, como mínimo, retrasarán nuestra llegada a la cima.

ADMINISTRAR EL RIESGO

El escalamiento hacia nosotros mismos inicia en el momento en que las circunstancias nos colocan en posiciones donde ya no actuamos para un mentor o un jefe, donde ya tomamos decisiones con base en nuestra propia formación e intuición, cuando tenemos que dar respuestas y ya no hacer tantas preguntas. El mío comenzó cuando me nombraron vicepresidenta de la Comisión Nacional Bancaria y de Valores, la CNBV. Había sido nombrada en ese puesto para implementar la regulación necesaria para abrirnos a los servicios financieros comprometidos en el TLC y con la homologación de las regulaciones bancarias entre los países integrantes; para implementar los sistemas regulatorios y de supervisión bancaria que regían en el resto del mundo. Mis funciones también comprendían el cuidado de la salud financiera de todas las instituciones financieras del país, excepto las casas de bolsa.

Recuerdo en mis primeros días en la Comisión ver en sus pasillos a los banqueros poderosos, grandotes, imponentes, furiosos, tratando de negociar que les devolvieran parte de su dinero invertido en la privatización bancaria porque habían encontrado muertos en los clósets, un cochinero de pérdidas. Desafortunadamente, desde su privatización apenas cuatro años antes, el sistema bancario traía consigo gérmenes mortales: muchos bancos no contaban con capital fresco de sus accionistas y, como consecuencia, otorgaban muchos préstamos a empresas y a consumidores sin cautela, tomando riesgos excesivos. En consecuencia, créditos irrecuperables.

Lo primero que hice fue estudiar, estudiar, estudiar. Fue una época muy bonita porque era como volver a hacer un doctorado, pero esta vez para resolver un problema concreto. Entendí que en todos los países avanzados se supervisaba con base en riesgos, pues tienen que asegurarse que los bancos los administran con prudencia dado que manejan el dinero de depositantes. Si el ahorrador y el banco fueran la misma persona, la inversión sería muy cuidada, porque su dinero es el que está en riesgo; pero si son personas distintas, separadas por una cortina de desinformación sobre qué hace el banco con los recursos del depositante, el banco tiene la tentación de ser más arriesgado en sus inversiones.

El riesgo más importante incurrido por cualquier ser humano es el riesgo moral. Es una tentación en la que incurrimos todos, en un ambiente donde nadie tiene información perfecta del actuar del otro. Si yo sé más que tú sobre alguna situación, es una tendencia humana tratar de aprovechar dicha situación para mi ventaja. En el caso de los bancos, ellos saben más que los depositantes sobre el uso que le dan a sus recursos, por lo que es aquí a donde entra el regulador a asegurar la correcta gestión del dinero de los depositantes por parte de los bancos.

Llegué a la conclusión de que había que darle un giro a la Comisión y especializarla en la administración de los diversos riesgos que tomaban los bancos: crediticio, legal, de mercado, operacional, de liquidez y reputacional. Sin embargo, en la Comisión —otra vez un mundo de hombres que me doblaban la edad— había contadores que no tenían idea —al igual que yo— de cómo supervisar con base en riesgos, por lo que debíamos enriquecer nuestro capital humano con profesionistas de otras disciplinas: economistas, actuarios, abogados. Pronto se corrió la voz de que la Comisión se estaba modernizando y que era un gran lugar para crecer profesionalmente, así que comenzaron a llegar como abejitas al panal las mejores mentes que he conocido; curiosas, comprometidas y ávidas de conocimiento.

En mi vicepresidencia dividí a mis colegas de manera matricial. Había cabezas de supervisión *in situ* a cargo de un grupo de bancos con un experto en cada tipo de riesgo, mismos que a su vez le reportaban a una dirección especializada que dictaba las mejores prácticas de supervisión para los auditores. Éramos un ejército bien organizado y también una universidad viviente. Semanalmente nos reuníamos todos en un comité donde cada uno reportaba la situación de cada uno de los rubros MACRO (**M**anejo de fondos, **A**decuación de capital, **C**alidad de los activos, **R**entabilidad y **O**rganización). Por eso fue que a todos los jóvenes que arribaron a la comisión a ayudarnos les apodaban «los niños MACRO».

En nuestras tareas de supervisión ya habíamos empezado a darnos cuenta del desorden que traían algunos bancos. Por un lado, muchos habían sido adquiridos por personas que no sabían nada de banca, por lo que fueron puestos en manos de malos administradores —en el mejor de los casos— o sin escrúpulos —en el peor de los casos— cuyos manejos deficientes —prestaciones extraordinarias, salarios exorbitantes o autopréstamos— o desvíos de dinero a sus propios bolsillos los llevaron a pérdidas importantes. Y es que el riesgo moral de los administradores, hacia los accionistas, también existe. Un gobierno corporativo impecable es una condición necesaria para un adecuado manejo de los bancos. Debe haber consejeros independientes de los accionistas conocedores del negocio bancario y comités compuestos por esos auditores internos que vigilen el control y los riesgos y reporten directamente al Consejo.

Por otro lado, los bancos estaban hinchados de abundancia de liquidez, pues antes de privatizarlos los habían desregulado y les habían quitado candados en el uso de los recursos, liberándolos para que pudieran canalizarlos al sector privado, además de la entrada de recursos monetarios del exterior. Esto derivó en un boom crediticio irresponsable, provocado por la urgencia de colocar sus recursos; se soltó como caballo loco delante de nosotros, quienes lo perseguíamos para que imperara la cautela. Los créditos empresariales eran fáciles de identificar y los empezamos a controlar en especial para que no fueran autopréstamos y para que se otorgaran con el debido análisis. En cambio, los créditos masivos al consumo se destaparon como una catarata incontrolable que inundaba el panorama de carteras vencidas. Pedro Aspe, quien dirigía nuestra junta de gobierno, volvió la supervisión de la cartera vencida su caballito de batalla en nuestras juntas recurrentes: «Paren esa cosa o nos va a explotar en las manos», nos decía constantemente. Las prácticas sanas en el otorgamiento y supervisión de los créditos empresariales eran más o menos fáciles de implementar, pero los procesos necesarios para otorgar créditos al mayoreo como los hipotecarios, tarjetas de crédito, automóviles, etcétera, sí que son complejos, llevan mucho tiempo y pruebas de error para verdaderamente establecerlos en el tinglado bancario de manera sana y rentable.

Otro problema fundamental que enfrentamos fue el rastreo del origen del capital aportado por los banqueros y no encontramos mucho que digamos. Los banqueros alegaban que, en la prisa por privatizar los bancos a buen precio, se permitieron esquemas donde los bancos que iban a adquirir les prestaran el dinero mientras colocaban el capital entre accionistas de a de veras. Si un banquero no aporta el capital que apalanque sus créditos, cae víctima del riesgo moral de no tener que reportar al que le prestó el dinero. Esto incita a un uso arriesgado de los recursos, ya sea otorgando créditos peligrosos —en el mejor de los casos— o desviando los recursos para sí mismo —en el peor de ellos—. En cambio, si el banquero apuesta un cachito de su propio dinero en cada crédito que otorga, será mucho más cauto porque está metido su propio dinero.

No falta mucho análisis para entender que se estaban otorgando malos créditos por esta razón. Cuando empezamos a tratar de corregir este problema de falta de capital, también sucedió que algunos bancos comenzaron a cruzarse capital entre ellos, es decir, se prestaban dinero entre sí. Tal fue el caso de un banquero que angustiado y entre lágrimas me contó que los administradores hacendarios le habían autorizado un crédito para comprar un banco con un banco de desarrollo bajo un contrato de *put option* donde éste se quedaría con las acciones si no pagaba ese capital y ya se encontraba cerca de ese punto.

#CONSEJO:

**El riesgo moral es a veces el más invisible de todos.
Vuélvete un experto en detectarlo, considéralo
en cada momento. *Piensa mal y acertarás*,
dice el dicho.**

La administración del riesgo es obligatoria para todo tipo de empresas e individuos, pero, sobre todas las cosas, debemos estar vigilantes de nuestro riesgo moral. La tentación de engañar a la gente porque sabemos más que ellos sobre determinada situación, siempre se revertirá en nuestra contra con el látigo de la desconfianza.

El equivalente al buen manejo del riesgo crediticio individual es nuestra credibilidad. Para esto, debes siempre cumplir con tu palabra. Como empresas es nuestra única alternativa de crecimiento. Cuando adquieras un crédito, planea muy bien tu capacidad de pagarlo, porque tu historial crediticio es un salvoconducto al mundo bancario para poder acceder crédito siempre que lo necesites.

Un buen manejo del riesgo individual de mercado por volatilidad de precios a nivel recae en nuestra resiliencia ante eventos adversos inesperados; nos da estabilidad. Es como la visión del escalador que tiene los ojos puestos a todo lo que le da la vista de la montaña que está subiendo para saber cómo viene la cima, qué obstáculos va a encontrar y cómo los va a abordar. Lo mismo sucede a nivel de nuestras empresas. Debemos estar atentos a los precios financieros: las tasas de interés y el tipo de cambio, y cómo sus movimientos pueden afectar nuestra solvencia y rentabilidad.

El riesgo operacional, definido como la probabilidad de perder dinero derivado de nuestras operaciones del día a día, se maneja con un buen control interno, el cual en realidad domina nuestras vidas en todos los ámbitos. Por ejemplo, evita que entre en discusiones destructivas con cualquiera de mis semejantes, que me lastime en mis maratones o en mis rutinas de ejercicios. Su ejercicio repetido genera hábitos que me mueven automáticamente hacia arriba en mis escalamientos.

En el ámbito empresarial todos los colaboradores contribuimos a disminuir el riesgo operacional con nuestro propio control interno, estableciendo los procesos que nos llevan a realizar una tarea bien y a la primera, ahorrándole recursos económicos a la empresa que tendrían lugar si hiciéramos las cosas improvisadas, impulsivas y a la carrera. Para prevenir y controlar el riesgo operacional debemos establecer cada uno de nuestros procesos y documentarlos en manuales, para que cualquier colega que entre a nuestra empresa pueda estudiar cómo realizar sus funciones a través de operaciones y procesos que tengamos probados.

Jean Tirole, premio nobel de Economía en 2014, en mis tiempos de supervisora estaba escribiendo un libro sobre banca, y me visitaba a menudo para entender desde mi perspectiva la diferencia entre los bancos y cualquier empresa no bancaria. Aprendí con él que hay un fino, muy fino hilo de diferencia entre una y otra. Y es que cualquier empresa, para crecer, necesita capital y deuda. El capital debe ser la piedra angular que muestre al mundo de inversionistas que invertirá sus recursos de manera prudente, porque apostará en su negocio *pari passu* con el dinero de sus inversionistas. Los empresarios y sus directivos también pueden ser víctimas de un riesgo moral, por lo que necesitan tener un buen gobierno corporativo y un sistema de administración de riesgos.

Por otra parte, el capital debe ser no solamente monetario, sino humano. Un buen empresario apuesta su propio capital humano, su esfuerzo y dedicación al 100% en su empresa. Es por eso que en Shark Tank hemos rechazado a los emprendedores que no le dedican todo su tiempo a su empresa. Un emprendimiento sin una semilla fuerte de capital humano, listo para generar capital físico de entrada, no es un buen emprendimiento y está condenado al fracaso.

#CONSEJO:

El capital es la piedra angular de tu negocio, tanto el monetario como el humano, así que consolídalo sobre una base sólida de principios morales y un equipo fuerte y comprometido.

LOS RIESGOS DE MÉXICO

Durante la época de la nacionalización de la banca, por definición, los bancos no tenían capital propio aportado por banqueros privados, sino por el gobierno. En consecuencia, el uso de los recursos ajenos por parte de los administradores no tenía la mesura del capital propio apostado *pari passu* con los recursos de los depositantes e imperó, por lo tanto, una mala administración de riesgos en la mayoría de los bancos. Se acumularon pérdidas ocultas en créditos mal otorgados y se debilitó el sistema bancario, que luego fue privatizado con esas semillas de insolvencia que los mercados percibían, listos para salir corriendo a la menor señal de la crisis latente que rodeaba el ambiente. Por otro lado, la falta de capital en los bancos y la gran liquidez con que gozaban cuando fueron privatizados dio lugar al boom crediticio al que me referí anteriormente: créditos otorgados en su mayoría de mala calidad. Todo esto tuvo como resultado un sistema bancario muy vulnerable a cualquier cambio en los precios financieros. El tipo de cambio se había manejado con pinzas por Pedro Azpe en la administración anterior durante todo el proceso de estabilización de precios que lideró. Sin embargo, con el cambio de sexenio los mercados percibieron que el tipo de cambio no iba a ser administrado con tanta prudencia y los capitales salieron corriendo de México, lo que detonó la crisis bancaria más importante de nuestra historia, que inició en diciembre de 1994.

Al salir los capitales, el valor del dinero, que es la tasa de interés, se fue por los cielos, a más del 100%. Como los bancos estaban endeudados a tasas variables y algunos de ellos en dólares, su deuda se disparó y los montos de interés también. Por el lado de los acreditados, también los créditos se volvieron impagables. Desastre total de insolvencia bancaria generalizada.

Yo no lo vi venir. Habían transcurrido casi tres años de aprendizaje, liderazgo, estudio, conocimiento y corrección en mi flamante puesto como supervisora bancaria. A pesar de nuestros deseos defendidos en el TLC de haberles dado respiro a nuestros banqueros durante diez años para fortalecerlos y ponerlos guapos para competir con los bancos extranjeros, la enfermedad de la banca y del país no nos dejó. No tuvimos tiempo de establecer las condiciones de una banca de buenas prácticas que mantuviera firmes las condiciones de su solvencia para que jugara un buen papel en el crecimiento de México. La crisis bancaria de 1994 nos explotó en las manos con toda la furia de un tsunami.

Las crisis, efectivamente, no se ven venir. Son como el enfermo moribundo que creemos que podemos salvar, hasta que se muere y nos damos cuenta de que no nos preparamos para su partida. Las crisis, ahora lo sé, se cocinan a fuego lento. Las raíces de la que nos sacudió en 1994 estaban sumergidas en la historia de décadas pasadas, más allá de la historia reciente de los bancos privatizados, que yo también fui presenciando en el transcurrir de mi vida. Nuestro México enfermo ya traía los gérmenes de una enfermedad mortal desde hacía muchos años.

A finales de los 60, yo era una adolescente y en mi provincia vivíamos bien, pero el campo estaba sufriendo. Papá llegaba a la casa quejándose de que cada vez había menos recursos y jornaleros, porque todos se querían ir a la capital o a Estados Unidos a trabajar. Para unos, los estertores del modelo de desarrollo estabilizador y el populismo que le siguió se manifestaron con el abandono del campo a cambio de prevendas y subsidios para los trabajadores. Para otros, se trataba de una evolución natural de dicho modelo centrado en el sector manufacturero de las ciudades, donde las corrientes migratorias del campo a la ciudad atraídas por una mejor compensación del trabajo dejaban al campo abandonado. Paralelamente, yo también dejaba mi pueblo para irme a estudiar a la Ciudad de México, una capital repleta de campesinos pobres que improvisaban un ingreso en las calles, de jóvenes inquietos y contagiados de las ideas de igualdad social, de oradores improvisados en el campus de la UNAM.

El caudillismo presidencial representado en su momento por Echeverría se vistió de pueblo cual fachada que trataba de aparentar que había abandonado el régimen anterior. El banco rural estaba regalando dinero, en un intento de revitalizar al campo y de corregir desigualdades mediante cientos de programas gubernamentales. En mi natal Comitán, papá ya no se quejaba y yo alcancé a contribuir a la vuelta al campo en el Centro de Investigaciones de Desarrollo Rural (CIDER). En las fiestas de palacio se vestía de trajes típicos y se tomaba agua de horchata. Nos vestimos de un mexicanismo esperanzador en un intento fallido por balancear los desequilibrios de un modelo que sólo había beneficiado a un grupo reducido, lo cual generó una inestabilidad que convulsionó al país y que se pretendió apabullar con populismo, gasto excesivo y crisis recurrentes que nos dejaron en esta nata de un pobre crecimiento económico y nada qué repartir. Los errores vienen de la ignorancia, de la falta de responsabilidad, de la adicción a las alabanzas del pueblo, así como del sobreendeudamiento sin medir sus consecuencias.

Se repartió dinero para aliviar la pobreza en educación y vivienda, aumentando el gasto, mas no el ingreso, y terminamos endeudados. Al tener dinero en los bolsillos y no encontrar más que una oferta limitada de bienes y servicios, la gente se comenzó a pelear por ellos, lo que ocasionó que los precios subieran y subieran, y que aumentaran las importaciones para satisfacer parte de la demanda insatisfecha sin crecer las exportaciones proporcionalmente. Como resultado, se desequilibró la balanza comercial y no se pudo controlar más el peso; había que devaluar con todo y la deuda exterior en dólares. Los mercados notaron la debacle y el dinero empezó a salir en estampida. Así, en 1976 se acabó la fiesta y México colapsó en una vorágine de ajustes de precios y salarios y locura generalizada.

El siguiente caudillo solamente exacerbó el problema gastando como loco al caer en la ilusión de que éramos ricos por el ciclo de precios altos del oro negro. La abundancia acompañada de la ignorancia es el predictor más genuino y exacto del colapso. Encima, los enfrentamientos de esos dos presidentes con el sector empresarial al final se llevaron entre las patas al sector bancario, a quien se culpó de la devaluación. De un plumazo el caudillo aquél se apropió de la banca, ante el azoro de sus dueños.

Don Miguel de la Madrid trató de corregir el rumbo y comenzó a moderar el gasto con una administración más cuerda y buscó que el gobierno sacara las manos de la actividad económica. No obstante, un tornado inflacionario se formó de precios persiguiéndose los unos a los otros. Esta es la peor enfermedad que puede sufrir un país porque, luego de una devaluación, decidimos tomar posiciones en dólares en beneficio propio y sólo contribuimos más a la presión sobre el peso; las empresas se cubren del aumento espiral del costo de sus insumos, subiendo los precios; los trabajadores se anticipan al mercado pidiendo salarios mayores; y así sucesivamente. Don Miguel hizo lo que pudo, desde la austeridad y la buena administración de las finanzas, pero se necesitaba más que eso: ¡otro golpe de timón!

Carlos Salinas inició su intento de corregir decidida y ambiciosamente ese tornado enfermo loco y suelto que era México. Híjole. Lo primero que había que hacer era un llamado a la cordura y a controlar los precios desatados mediante un pacto entre empresas, mercados y trabajadores; había que poner límites. A través del manejo del riesgo devaluatorio, había que poner un ancla de precios: el peso. Cuando nuestra moneda nacional se devalúa, el valor de los insumos importados aumenta en su denominación en pesos, por lo que las empresas tienen que subir sus precios, lo que genera inflación. Más aun, cuando la gente anticipa que el peso posiblemente se devaluará, se anticipan, compran dólares, avientan dinero al mercado, y también sucede una devaluación. En consecuencia, los trabajadores también exigen mayores salarios para enfrentar la situación, lo que contribuye al alza de los precios de los productos.

Sin embargo, fijar el peso a un precio determinado con respecto al dólar era un sistema que no nos había funcionado. Por eso, las autoridades monetarias decidieron dar certeza a los mercados poniéndole al peso un límite superior y uno inferior, una banda donde pudiera flotar dentro de un intervalo de valores posibles. Una jaula, pues.

Cuando era necesario hacer más grande la jaula del peso, ampliar el colchón en el que podía rebotar, Pedro nos llamaba a sus colaboradores más cercanos para que explicáramos a los agentes económicos internacionales las razones y naturaleza de la ampliación de la banda. A mí me tocaba llamar a algunos de mis exmaestros de Columbia, con los que discutía por qué nuestro gobierno consideraba que el peso no estaba sobrevaluado y por qué no había necesidad de devaluar. También Pedro se reunía con los administradores de los fondos para atender todas sus dudas sobre la medida que se tomaría al día siguiente. Así, el país amanecía en paz, se anunciaba la apertura de banda y nada extraordinario pasaba.

Lo segundo que hizo el gobierno fue la privatización masiva de tantas y tantas empresas que estaban mal administradas en manos del Estado, incluyendo a los bancos, los cuales ya venían heridos de muerte. Lo tercero fue corregir los desequilibrios de la balanza comercial abriendo a México al comercio internacional con su principal mercado, sus vecinos del norte, negociando y echando a andar el TLC. Se pretendía paliar el desajuste aumentando las exportaciones para que compensaran al aumento heredado en las importaciones y, a su vez, que los precios bajaran al competir con productos del exterior.

Encima, además de domar las fuerzas del huracán de precios, había que conciliar las fuerzas sociales heredadas en conflicto, lo cual podía ser más complejo. Eran verdaderas fuerzas obscuras, que significaban la suma de todos los miedos, donde transitaban narcotraficantes, líderes sociales de antaño, líderes políticos que se resistían al cambio... La punta del iceberg de las tensiones que se estaban cocinando en paralelo con los mercados fueron los asesinatos de un cardenal, del cuñado del presidente y de su candidato mismo, Luis Donaldo Colosio.

Era necesaria demasiada concertación, una misión imposible: precios, mercados, la transición, estallidos sociales, insatisfacciones políticas y un sistema bancario vulnerable. No se pudo. Hasta la sucesión presidencial provocó descontento de sus colaboradores más cercanos.

Yo probé de cerca el conflicto político y social que vivíamos, aquella madrugada del 1 de enero de 1994 en que no hubo misa de gallo entre la fría neblina de san Cristóbal. La catedral estaba cerrada. El Comandante Marcos y el ejército zapatista armado estaba agazapado en la parroquia del pueblo, por lo que no hubo misa de gallo ese 31 de diciembre. Del susto mi abuelita se fue a la tumba entre rezos y recuerdos similares de su niñez cuando las tropas revolucionarias tomaron Comitán.

Seis años no fueron suficientes para que las medidas acabaran su labor, cuando devino el cambio de presidente. Se necesitaba realmente una labor de costura invisible que implicaba cambiar al enfermo aún convaleciente de una camilla a otra con todo cuidado. Y no se hizo así. Mientras Pedro llevaba con manos de seda el manejo de la información a los mercados de cómo los precios se estaban domando, el nuevo equipo decidió explicar las devaluaciones en un programa de radio, sin avisar a los fondos. «Ya nos llevó la chingada», me susurró mi amigo líder de los banqueros cuando recibimos la noticia. Y así fue, aunque las versiones de la crisis sean diferentes desde el punto de vista del presidente saliente y del entrante.

Pienso que las empresas, como los países y los seres humanos, podemos entrar a un terreno accidentado de crisis recurrentes cuando a partir de un fracaso inevitable no manejamos ni prevenimos los riesgos de nuestras acciones futuras, reaccionamos instintivamente para salir adelante, sin hacer una pausa, ganar distancia y reflexionar sobre nuestro siguiente movimiento. Un torbellino de caos y de tapar unos huecos con otros puede llevarnos al colapso definitivo.

#CONSEJO:

Maneja tus riesgos para evitarte costosas caídas.

AL RESCATE

A finales de diciembre de 1994, me encontraba de vacaciones navideñas en Colombia cuando recibí la noticia de la catástrofe y tuve que regresar inmediatamente. Encontré a mis jefes, al secretario de Hacienda, al gobernador del Banco de México y al presidente de la CNBV perplejos, sombríos, como velando a un agonizante. Sus órdenes eran escuetas, tajantes y urgentes: «Dicen que un banco entró en impago, ve a checar cuál es», «Mañana sal a dar una conferencia de prensa que tranquilice los mercados», «Organiza para mañana supervisión *in situ* para conocer los daños causados en los bancos». No había tiempo que perder. Mis conferencias de prensa enfrentaban cínicos y escépticos inversionistas y periodistas: «¿Acaso, doctora Armendáriz, hay algo que no sea cartera vencida en toda la banca mexicana?». Y tenían razón.

El sector financiero estaba herido de muerte. De muer-te. La puntita de la madeja la encontramos en una arrendadora que había prestado en mayoreo a los entonces sindicatos de transporte público, que hicieron huelga por las altas tasas de interés que ya se veían venir en los albores de la crisis. Le pedimos al director general que nos mostrara dónde estaba su capital. «Invertido en Tombuctú». Después de enterarme de la existencia de esa ciudad, llamé al banco que había emitido el certificado de depósito del capital de la arrendadora y ¡voilá! ¡Era el dinero de sus clientes! Tuvimos que intervenir en la arrendadora y sellar todos los escritorios para que no sacaran documentos —aunque los encontramos subidos en unas escaleras escondiéndolos en el tapanco de las oficinas—. Incluso en un cajón encontramos un cheque de uno de nuestros bancos supervisados a nombre de la arrendadora por la sencillita suma de 250 millones de dólares.

Cuando el director de la arrendadora no me supo decir el origen de ese cheque sucedieron dos cosas: el director se fue a la cárcel y profundizamos nuestra investigación en el banco emisor, lo que derivó en nuestra segunda intervención apenas unos días después. Nuestro objetivo era encarar al banquero, pero ya no lo encontramos; había abandonado el barco y el país. Lo que encontramos fue escalofriante: no sólo el banco no tenía capital, sino que 90% de sus créditos eran fraudulentos. Por un lado, el dueño se había autoprestado jugosísimas sumas usando nombres de sus amigos más cercanos para comprar hoteles, edificios, ranchos y desarrollos inmobiliarios. Muchos de ellos ni siquiera lo sabían y otros truchos inmediatamente disimulaban su asombro sabiéndose dueños de semejantes tesoros, y comenzaban a negociar conmigo la reestructura de sus deudas para pagarme. Por otro lado, el banquero había implementado una operación hormiga para sacar fondos del banco sin dejar huella que prestaba a cientos de empresas pequeñas que, a su vez, pasaban el dinero a otras y a otras, hasta que las últimas eran empresas fantasma sin siquiera cuentas bancarias; es decir, el último jalón de los fondos era en efectivo. Tuvimos que hacer un programa de cómputo especial para ir mostrando la maraña de relaciones entre las empresas involucradas. Las fuimos a visitar y descubrimos que sus direcciones no existían o eran casas u oficinas abandonadas. 250 millones de pesos de esa época desaparecieron de esa manera. Los informantes que encontramos y que declararon el destino de los recursos indicaron que era para la campaña del presidente entrante. Esa era su coartada al menos.

Otro banquero nos visitó y nos dijo que habían apostado al país con bonos de largo plazo, pero el mercado se había recortado en plazos y habían perdido mucho dinero. Nos trajeron a un banco español que ya era su socio minoritario, quien nos propuso inyectarle el dinero necesario para dejar al banco muy bien capitalizado, a cambio de ayudarles a limpiar el banco de créditos heredados de cuando fueron nacionalizados; por cada dos pesos de cartera mala que les compráramos a precio justo ellos invertirían un peso de capital. Mis jefes, mucho más colmilludos que yo por su mayor experiencia en el sector y ya conscientes de la gravedad de lo que se venía, aceptaron. Así, antes del estallido de la crisis, tuvimos a nuestro primer banco mexicano entregado a extranjeros.

La caída de las cajas de ahorro, la solución bancaria construida por las comunidades a falta de bancos y muchas de ellas establecidas alrededor de iglesias —las únicas fuentes de cohesión comunitaria—, era también sintomática. La gente depositaba sus ahorritos con el sacerdote, quien servía de intermediario y entregaba los ahorros a quien los necesitara a cambio de un interés. Muchas de estas cajas se convirtieron en verdaderos bancos, con cientos de miles de depositantes, pero sin mucho conocimiento de dónde estaba invertido el dinero; en muchos casos ya desaparecido en malas inversiones o fraudes. Cientos de estas cajas, todas desreguladas, tronaron y tuvimos también que intervenirlas.

El sector social de las uniones de crédito a su vez enfermó de gravedad. Las uniones habían florecido como la respuesta perfecta del presidente Salinas para atender las necesidades productivas planteadas durante sus giras de trabajo a las comunidades. «Autorícese la unión de crédito de tal y tal», eran las notitas que los delegados de las comunidades me entregaban en mano, firmadas por el Presidente. Su fondeo provenía de Nacional Financiera, nuestro banco de desarrollo, y todas planteaban entregar a sus socios créditos productivos. Llegaron a ser casi 200 de estos pequeños bancos. No es de extrañarse que casi todas estas libélulas financieras tronaran a los cuantos meses de haber sido constituidas. Y Nacional Financiera pagó los platos rotos.

El secretario del Tesoro de Estados Unidos había accedido a armar un paquete de rescate para México con la condición de que elevZáramos las tasas de interés al 100% para que los capitales volvieran lo más pronto posible y pudiéramos pagarles. ¿Qué acreditado podía aguantar un bombazo así? Los impagos acabaron con la calidad de la cartera y nos obligaron a cubrir esas pérdidas para no caer en una quiebra bancaria generalizada, lo que provocó la reacción de los banqueros, quienes en su mayoría nos querían entregar las llaves cual inquilino de una casa en llamas y los menos trataban de apagar las llamas como pudieran.

Para resolverlo, el gobernador del Banco de México convocó a los banqueros para ofrecerles un salvavidas: les prestaría capital a una tasa de interés suficientemente alta como incentivo para pagarlo lo más pronto posible, así sanearían sus carteras y se colocarían en una ruta de rentabilidad que les permitiera irles pagando. No obstante, faltaba tanto dinero que, de ser así, el banco central se quedaría con los bancos por decenas de años, por lo que tomaron la oferta, pero pagaron al poco tiempo con el dinero de los ahorradores. En paralelo tuvimos también que establecer programas para todos los deudores que habían quedado trabados en sus pagos luego del brinco en las tasas de interés.

Después el Fondo Bancario de Protección al Ahorro (Fobaproa), una pequeña oficina de unos cuantos empleados insertada en Banco de México que carecía de los instrumentos necesarios para manejar la crisis, inspirado en la fórmula de compra del primer banco por extranjeros antes de la crisis, les ofreció compartir pérdidas. Por cada peso de capital fresco que los accionistas pusieran, les comprarían dos pesos de cartera mala —los préstamos a vender no podían estar relacionados con los mismos accionistas—. El gobierno limpiaría los bancos en proporción de dos a uno por cada peso que le metieran de capital los banqueros. Sin embargo, en la mayoría de los casos nunca llegó el capital prometido y en otros, cuando lo aportaron, se lo volvió a chupar el remolino de la insolvencia en que se encontraban. ¡Los banqueros ya no tenían dinero!

Anteriormente habíamos decidido no rescatar a nuestros buques insignias, Banamex y Bancomer, porque los juzgábamos relativamente fuera de peligro. Sin embargo, precisamente porque eran los bancos más grandes, los incluimos en el programa de compras de cartera so pena de ser castigados por los mercados que podrían detectar un *riesgo sistémico* por el tamaño del mercado que ambos bancos representaban. Ante la sospecha de que podrían haber quedado vulnerables por no entrar en el programa, los mercados podrían haber reaccionado de manera adversa.

Encima, nuestro vecino del norte envió comisiones para asegurarse de que no estuviéramos haciendo *cochupos* con los fondos que nos habían prestado para salvar nuestros bancos. Larry Summers, subsecretario del Tesoro, artífice del préstamo de emergencia, exprofesor mío en Columbia y a quien había llamado para calmar los mercados cuando iba a haber movimientos en el tipo de cambio, se instaló en mi oficina y examinó los programas de compras de cartera y los indicadores bancarios de solvencia. Su preocupación principal era que estuviéramos salvando a los accionistas de los bancos, pero al examinar nuestros programas se percató de que no era así.

También nos cayeron las delegaciones de expertos del Banco Mundial. Con ellos comenzamos a construir una mejor institución que manejara las próximas crisis como lo hacen en los países desarrollados. El Instituto de Protección al Ahorro Bancario (IPAB), nació ya con todas las reglas internacionales para manejo de crisis. Tendría que ser independiente de nosotros, los supervisores. Antes de actuar con medidas correctivas, tenía que haber un sistema de alertas tempranas para evitar que los bancos llegaran a los linderos de la insolvencia. Aprendimos a fusionar bancos malos con bancos buenos en lugar de intervenirlos. Así lo hicimos y Banamex, Bancomer y Banorte absorbieron a los pequeños, pues ya habíamos aprendido que las intervenciones desangraban más rápido a los bancos en nuestras manos.

Debo aceptar que yo estaba con mi resistencia al máximo a que los bancos continuaran siendo entregados a los extranjeros. Con todas mis fuerzas maternales traté de que de alguna manera se capitalizaran con capital mexicano, porque intuía el riesgo de que el sistema de pagos quedara en manos extranjeras. El gobierno no es un buen administrador de bancos —y tal vez tampoco lo es de las empresas—. No existe en su constitución un gobierno corporativo que cuide los intereses de los que pagamos impuestos para que administre bien los recursos. Sin embargo, mis intentos sólo contribuyeron a dejar solos a muchos bancos mientras sus pérdidas se multiplicaban para terminar fusionándolos de todas formas.

Mi primer intento fue echarle todas las ganas para salvar Serfin, nuestro tercer banco en importancia. Nombramos a un banquero experimentado al frente del banco y pasamos muchas noches de insomnio tratando de convencer a los accionistas de Serfin, para que nos ayudaran a meterle capital, el cual se iba al momento a paliar la insolvencia. Fue inútil. Ana Botín, cuya familia era accionista principal de Banco Santander, en las reuniones del Banco Interamericano de

Desarrollo en Cartagena, se me acercó y me dijo: «Decid a vuestro gobierno que Santander tiene toda la disposición de ayudaros adquiriendo todos los bancos que queráis». Con los brazos caídos y después de un intento de rescate sin precedentes, se entregó Serfin al control de los españoles.

Otro banco, Bancrecer, mereció mi particular ahínco para salvarlo porque sus accionistas efectivamente lo habían comprado con capital propio y en cada programa de compras de cartera también aportaron más capital, pero no fue suficiente. Nos pasamos meses armando un esquema de rescate que coincidió con el reemplazo del Fobaproa por el IPAB; su junta de gobierno ya no aceptó la reestructura que proponíamos y lo terminó fusionando con Banorte.

RECUENTO DE DAÑOS Y APRENDIZAJES

Sólo quedaron dos bancos extranjeros y cuatro mexicanos, de los cuales posteriormente tres de ellos fueron vendidos a otros dos bancos extranjeros. El resultado final fue que de toda la banca mexicana inicial solamente Banorte quedó en control de mexicanos. Tuvimos que hacerlo para dejar un sistema bancario, aunque mayoritariamente extranjero, solvente de cara a la huida de capitales que precipitó la crisis del 94 y que, a su vez, hundió al país en una recesión de casi cinco años, dejando a su paso empresarios y ciudadanos quebrados, y un gobierno endeudado en 8% sobre el PIB que fue el costo de sanear la banca mexicana —media histórica que indicaban los expertos que costaba una crisis bancaria—, al asumir todas las pérdidas. El cáncer fue extirpado a un costo muy alto y nos salió barato, pues limpiamos 30% de los activos de los bancos cuyo monto total equivalía a 70% del PIB en 1994, del cual más del 20% fue limpiado por las nuevas administraciones y menos del 10% le costó al Estado.

El costo tan alto de las crisis proviene de esta burbuja de activos que inflan su valor momentáneamente y que a la hora de desinflarse alguien tiene que asumir esa pérdida. Por otro lado, cuando los agentes económicos ven venir la crisis, cometen aún más errores a costa del valor mismo de los bancos. En un *sálvese quien pueda* comienzan a gastar la poca liquidez que les queda en salvar sus propios activos, como autopréstamos, mientras los ahorradores salen corriendo al primer rumor de que su banco tiene problemas de insolvencia. La cartera mala se multiplica, se pierde la liquidez, el hueco se hace más grande, junto con las deudas.

Por otro lado, no teníamos instaladas las instituciones especializadas en prevención y manejo de crisis, como el IPAB, creado a partir de nuestras enseñanzas una vez pasada la tempestad. De haber existido antes, su poder regulatorio habría parado la sangría cuando los bancos tocaron los umbrales de la falta de liquidez, gracias al fondo de protección al ahorro alimentado de cuotas de los bancos en función de sus depósitos. El gobierno debe tener recursos suficientes para poder intervenir a tiempo un banco, so pena de que su insolvencia se venga en picada y resulte más costosa.

A lo largo de cinco años se transformó radicalmente la configuración del sistema bancario mexicano. Afortunadamente ese aprendizaje nos permitió a mis compañeros y a mí dejar instalado un sistema de supervisión bancaria basado en riesgos, robusto y moderno, que continuó modernizándose aun después de mi partida.

Las crisis no se supervisan, ni se previenen, por eso son crisis, pero sí puede minimizarse su riesgo de incidencia con una supervisión de excelencia que controle el riesgo moral, que vigile como un perro la rentabilidad, que prevea a tiempo la insolvencia y que exija las mejores prácticas de prevención, administración y disminución de los riesgos que día a día enfrentan en el manejo del dinero de los inversionistas y ahorradores.

Estar en manos del manejo de nuestros riesgos a la voluntad de caudillos nos ha colocado en sendas de volatilidad, falta de continuidad y crisis recurrentes. Por ello, debemos luchar por la democracia a toda costa siempre. La democracia es el único instrumento con el que contamos para que nuestros riesgos individuales sean manejados por una diversidad de personas que juzguemos apropiadas para hacerlo.

En lo que concierne a los bancos, debemos presionar para que se manejen siempre correctamente, ya que son el sistema circulatorio de nuestro país. En ellos las personas ejercemos nuestro derecho de adelantar nuestro consumo a partir de créditos, o aplazarlo a partir del ahorro. Un banco rentable a largo plazo y un sistema bancario tienen que ser administrados por gobiernos corporativos que eviten que las decisiones sean tomadas por individuos en lo particular y que minimicen el riesgo moral. El control en el manejo de las acciones de todos los individuos debe sumarse para convertirse en el control interno de los bancos.

Ser visionario es una exigencia para prevenir crisis tanto nacionales como empresariales o personales. Tenemos que estar alerta sobre los posibles desenlaces a largo plazo que pueden tener los acontecimientos que suceden a nuestro alrededor. Estamos obligados a estar informados sobre nuestra situación, a desarrollar la conciencia cotidiana individual y colectiva, a considerar escenarios sobre lo que puede pasar y actuar a tiempo. Es lo único que tenemos para prevenir desastres en nuestras vidas.

Así como ahora pienso que para evitar el escándalo de Fobaproa debimos acudir desde un principio a nuestro poder legislativo para que nos acompañara en nuestras decisiones, pienso que cuando una empresa o persona no puede evitar entrar en crisis, debe tener la humildad de acudir inmediatamente a sus acreedores, a sus familiares, a sus mentores, para que lo ayuden con sus cabezas y ojos a retomar un rumbo reparador.

El desarrollo de nuestro propio control interno que rija cada una de las actividades de nuestra vida es una tarea que debe acompañarnos todo el tiempo para que nuestros ascensos sean cada vez más seguros. En lo personal y empresarial, debe ser un acto consciente y cotidiano. Solamente así seremos individuos y empresas rentables en el largo plazo.

#CONSEJO:

Cultiva la visión y la conciencia a propósito, dentro de ti mismo, meditando, reflexionando al menos media hora diaria, a la hora en que tu mente esté más fresca. ¿Qué ves del mercado dentro de 20 años? ¿Qué signos ves todos los días que amenacen tu negocio? ¿Cómo los vas a manejar? Estudia tus mercados y su desarrollo incansablemente.

BASILEA

Mientras el Fobaproa se estaba politizando en una guerra de tirios y troyanos, yo me encontraba apagando el fuego de mi crisis personal que se cocinó paso a paso en conjunto con la bancaria. Así como el colapso de enero de 1995 me agarró totalmente desprevenida, el de mi matrimonio en abril de 1999 me tomó por sorpresa. Tampoco hubo manera de contener el fracaso, pero igualmente fue una oportunidad para corregir el rumbo. Inicié mi segundo escalamiento hacia mí misma en el proceso de reconstrucción propia que tomó veinte años de trayecto hacia a un lugar más seguro y feliz.

Busqué a mi jefe, Eduardo Fernández, para contarle que quería irme del país un rato para escapar la tormenta de mi divorcio. Cuando les dije que me iba dar clases en la London School of Economics, llamó a la vez a su jefe, Guillermo

Ortiz, para pedirle que me apoyara en un sabático más digno. Guillermo, mi jefe numerario de toda la vida, a quien hasta la fecha escucho, se acordó que había una vacante del Banco de Pagos Internacionales (Bank for International Settlements, BIS) para un supervisor de países en desarrollo con experiencia para que apoyara en los trabajos de diseño de un nuevo orden de supervisión mundial. Su recomendación a partir de mis logros como reguladora bancaria en tiempos de crisis constituyó mi oportunidad de huir de ese tóxico entorno personal y nacional que me estaba asfixiando. Cuando me entrevistó John Heiman, otro gran banquero internacional, el clic entre sus necesidades y mi propuesta de valor fue inmediato. Me dieron un lugar en el Banco de Pagos Internacionales para probar los modelos de supervisión en países emergentes, como directora asociada. En verdad era un gran salto y un enorme reconocimiento a mi trabajo como supervisora. Desde ahí me di cuenta de que el empeño, la pasión y la disciplina siempre te devuelven frutos.

Me puse mis segundas alas, empoderada y animada por mi amiga Martha Elena, otra gran amazona en mi vida, y salí volando hacia mí misma agarrada de María y Juliana, con quienes sellé una alianza: siempre íbamos a estar juntas, apoyándonos. Abrí una cuenta bancaria propia —ini eso tenía! porque Fernando administraba todas las finanzas de la casa—, empecé a construir mi propia colección de la música que a mí me gustaba —en la casa se tocaba pura música colombiana— y me compré maquillaje contra agua. No paraba de llorar. Me sentía a la mitad, amputada.

En Basilea, nos instalamos temporalmente en el pequeñísimo apartamento que el Banco que me había contratado mientras encontrábamos un hogar definitivo. A Basilea yo la llamo el pequeño París, por el Rhin que lo atraviesa, sus callecitas llenas de boutiques y restaurantitos estilo bistró y su alto y sofisticado nivel de vida. Fue cuando nos quedamos con el *townhouse* de tres pisos junto al río que mis hijas negociaron con su dueña para que nos lo rentara a un precio acorde con nuestro presupuesto. Fue mi refugio perfecto; el río, el mejor consejero que me ayudó a tomar decisiones de vida y se llevaba en su cauce mis secretos.

Los países con alto grado de comercio internacional de servicios bancarios se protegen imponiendo su regulación a cualquiera que opere dentro de sus fronteras, pero también requieren que los bancos nacionales que se asientan en otros países en forma de sucursales o subsidiarias cumplan con sus regulaciones internas para poder vigilarlos como una sola entidad, independientemente de donde operen. Por ejemplo, si México impusiera —como lo hacemos de hecho— una regulación interna diferente a la de los países de origen de los bancos, tendrían que operar bajo dos o tres o varias regulaciones, lo que sacrificaría su eficiencia operativa. Por eso en los 80 surgió en Basilea, en el Banco de Pagos Internacionales (Bank for International Settlements, BIS), un método para homologar la regulación bancaria entre bancos y países que albergan sistemas bancarios internacionales.

El BIS en Basilea, Suiza, surgió originalmente con el fin de administrar los fondos de reconstrucción aportados por los diferentes países involucrados en la Segunda Guerra Mundial. Los bancos centrales con activos globales que afectaban los flujos de sus ofertas monetarias domésticas se reunían ahí periódicamente para coordinarse y una vez solucionada la crisis mantuvieron el club para homologar sus sistemas regulatorios globalmente. Actualmente, es el principal centro de cooperación entre los bancos centrales del mundo. En su seno se han coordinado y cristalizado todas las principales medidas de coordinación monetaria entre los principales banqueros del mundo. Por ejemplo, las medidas de pagos de reparación impuestos a Alemania por el Tratado de Versalles después de la Primera Guerra Mundial y los préstamos que se realizaron entre bancos centrales para la reconstrucción, el sistema de tipos de cambio fijos del Acuerdo de Bretton Woods luego de la Gran Depresión, el nacimiento del Fondo Monetario Internacional y la creación del Banco Mundial.

En 1988 se llevó a cabo el primer acuerdo de regulación de los bancos centrales, el Acuerdo de Basilea, cuyo continuo proceso de sofisticación de las operaciones bancarias globales que puede atentar contra la estabilidad financiera mundial derivó en la revisión del mismo en 2001. A esa revisión fui invitada a participar.

Cuando yo llegué a Basilea, el Comité, conformado por los principales banqueros centrales y organismos supervisores del mundo, se había dado cuenta de que la simple definición de cuánto capital necesitaban poner los banqueros para no apostar los ahorros de los depositantes no era suficiente para evitar el riesgo moral. Era necesario añadir los pilares de estándares de supervisión y transparencia óptimos para cuidar la solvencia de los bancos en sus jurisdicciones, y asegurar la cooperación a nivel global en la prevención de crisis sistémicas y el cuidado de la estabilidad financiera. Mi misión era participar en la revisión de esas reglas desde el punto de vista de los sistemas bancarios en países emergentes.

Mi primer encuentro con el Comité fue intimidante. Sus sesiones, muy estructuradas y solemnes, llenaban la agenda junto con los reportes de los grupos de trabajo encargados de analizar cada rubro que comprende el nuevo Acuerdo. Se divide en subcomités, que se hacen cargo de un grupo de reglas organizadas por temas: capital, operaciones internacionales, supervisión consolidada, etcétera. Se reúnen periódicamente en diferentes jurisdicciones alrededor del mundo para analizar las mejores prácticas bancarias en la materia de su objeto y llegar a un acuerdo sobre las mínimas reglas de operación para los bancos en su respectivo tema, las cuales tienen que ser negociadas en cada país miembro que acceda a adoptarlas. Basilea es el encuentro de las mentes más brillantes en cuanto a conocimientos de banca y supervisión bancaria.

Mi rol también consistía en dirigir el Instituto de Estabilidad Financiera, encargado de entrenar a los supervisores del mundo en las reglas acordadas en el Comité y opinar sobre las nuevas en cuanto a su impacto en los sistemas bancarios de los sistemas emergentes. Las discusiones en el seno del comité se centraban en encontrar reglas de funcionamiento y operación bancaria que maximizaran la solvencia y rentabilidad a largo plazo de los bancos. Ambos roles me cayeron como anillo al dedo y me sentí como mariposa banquera recién salida del capullo.

Participé en el diseño de modelos estadísticos que establecieran los parámetros de solvencia a partir del análisis del comportamiento de largas y anchas bases de datos de todos los principales bancos del mundo. Los calibramos para los bancos que operaban en países emergentes, así como su impacto en las necesidades de capital que tendrían una vez adoptadas las nuevas reglas de solvencia. Como en nuestros países emergentes había aun grandes huecos en supervisión, en mis talleres de adoctrinamiento a esas naciones realizaba ejercicios para asegurarme de que adoptaran los lineamientos de supervisión bancaria.

Basilea fue mi ascenso hacia mí misma más definitivo, pero fue también mi capullo de encuentro con mis hijas. En ese momento tenía más tiempo para ellas; les cocinaba, íbamos al cine y en esas convivencias de largos minutos pude apoyarlas en su difícil momento de adolescentes sin papá, sin el matrimonio que las contenía. Fue ahí donde mis hijas y yo nos volvimos una gota, producto de una crisis familiar. Ahora veo consolidada a mi familia y constituida de momentos de las tres, de nuevos encuentros con nosotras mismas y de la relación entre tres mujeres que se unieron en un abrazo que nació de convulsiones emocionales diarias y duras de pelear. No sé ahora qué de mí es María, qué de mí es Juliana, qué de

Juliana es María, qué de Juliana soy yo. Qué de María soy yo, qué de María es Juliana.

Por otra parte, mi mamá estaba ya muy enferma, así que había que regresar a México. Después de mi partida, el Comité ha continuado trabajando intensamente en el fortalecimiento el sistema de supervisión del sistema bancario internacional. Desafortunadamente, como cualquier entidad supervisora, el Comité de Basilea ha estado reaccionando a eventos pasados. La revisión hacia Basilea III, que sucedió durante el Acuerdo en que yo participé, se debió a la crisis global de 2008, que inició con el colapso de Lehman Brothers. Aun así, a pesar de haber impuesto estándares de capitalización modernos y previsivos, los sospechosos de costumbre asomaron sus fauces: riesgo excesivo tomado por los bancos, excesiva deuda en comparación con su capital, excesivo crédito... ¿Entonces?

Pienso que el Comité debe adoptar un enfoque visionario, viendo hacia adelante, tratando de configurar escenarios de riesgo que se vislumbran a través de actividades bancarias incipientes, como es el caso actual de las famosas *fintechs* (finanzas tecnológicas) y de los ataques tecnológicos de hackers. El Comité debería aprovechar su capacidad de convocatoria para coordinar medidas preventivas, no remediales.

Satisfecha de haber contribuido al nuevo acuerdo de Basilea, regresé a tratar de implementar esas reglas tan útiles en los bancos mexicanos, esta vez como consultora privada. A decir verdad, los bancos mexicanos no entendían nada de lo que se trataba Basilea II. La Comisión Nacional Bancaria y de Valores estaba aún inmersa en limpiar la casa después del tsunami de 1995, siete años después, aunque afortunadamente ya había anunciado que adoptaría las reglas de Basilea II para todos los bancos. No obstante, era demasiado temprano para que los bancos sintieran la necesidad de empezar a trabajar en ello. Así que por más que traté de convencerlos de la utilidad del corazón del acuerdo

—maximizar su solvencia y rentabilidad de largo plazo—, no me hicieron caso. Además, Estados Unidos, después de haber sido el pionero defensor de las reglas de Basilea II ante el Comité, había anunciado que no iba a adoptar las reglas por el momento. Sus bancos no salían bien librados con el capital que el Acuerdo requería. En consecuencia, en México la adopción de Basilea II significó por esos años mucho ruido y pocas nueces.

Por mi parte, yo necesitaba reencauzar mi vida profesional. Implementar Basilea era un camino desértico. Acepté entonces embarcarme en la misión de manejar las crisis bancarias que se estaban cocinando en Bolivia y República Dominicana. Sabía destazar los balances de los bancos para encontrar sus operaciones de riesgo y conocer su solvencia. Sabía lo que tenía que hacer la autoridad supervisora para meter a los bancos en cintura. Lo que no sabía era el andamiaje político de cada uno de esos países y su maridaje con los banqueros, lo que habría de impedir la implementación de las medidas que recomendé. Por un tiempo, no sé ahora, se quedaron los bancos de esos países como zombis bancarios sin capital ni reglas claras de operación que garantizaran un sistema bancario eficiente y solvente. Mi siguiente reto fue Banorte y con él vino Pronegocio.

CAJA DE HERRAMIENTAS DE ADMINISTRACIÓN DE RIESGOS

Me metí las reglas de Basilea hasta lo más profundo de mi médula ósea profesional, al grado de que las sigo ejecutando en mi práctica profesional todos los días, tanto en mis servicios como consejera de Banorte, como en mi práctica bancaria en Financiera Sustentable. También tengo los sensores de riesgo como ojos de mosca en mi cerebro. Huelo el riesgo en cada operación. Diseño los procesos de cómo identificarlo, prevenirlo, amortiguarlo. Mi caja de herramientas de administración de riesgos es el compendio más comprimido y simple de Basilea:

- *Análisis del riesgo crediticio*. Es decir, evalúo la probabilidad de que un acreditado no me pague.
  Para ello, tomo en cuenta lo siguiente:
    * *Las tres C del crédito*: su **C**arácter (su historial crediticio, sus costumbres, su situación de estabilidad), su **C**apacidad de Pago (sus ingresos menos sus gastos corrientes) y su **C**olateral (su patrimonio).
    * Indicadores de cartera vencida.
    * Relación entre las características de los acreditados y la probabilidad de que no me paguen.

Por ejemplo, he encontrado tristemente que el hecho de que el acreditado sea mujer aumenta su probabilidad de que no me pague. La explicación radica en que hay casos en que prestan su nombre para señores que tienen mal historial crediticio, y son ellos los que no pagan, pero afectan a la mujer que les prestó su nombre.

Recientemente se están implementando sistemas digitales de análisis del perfil de riesgo crediticio de cada persona que pretenden asociar sus hábitos sociales (uso de redes sociales) y de consumo (uso de tarjetas de débito gratis), con su probabilidad de incumplimiento crediticio. Estoy incursionando en estas herramientas, aunque prevalece el paradigma de la asociación entre estas características y la observación empírica de su probabilidad de incumplimiento crediticio. En el sector no bancarizado estos paradigmas se retan en el día a día, donde he descubierto que la palabra es uno de los atributos más importantes entre los clientes.

En el caso de cualquier empresa, el cuidado del riesgo crediticio adquiere dos dimensiones: 1) si se cuida su salud financiera (rentabilidad, pago a tiempo de sus créditos), le dará más posibilidades aún de mejorarla a través de mayor acceso a crédito y capital. 2) Pero también las empresas incurren en riesgo crediticio porque existe la probabilidad de que sus clientes no les paguen. Es importante firmar contratos, entender muy bien las tres C del crédito cuando escogemos a nuestros clientes.

- *Análisis del riesgo de mercado.* Es la probabilidad de que los movimientos en los precios financieros (tasas de interés, tipo de cambio del peso contra otras monedas) pueden afectar tu rentabilidad.

Por ejemplo, si los préstamos que nos dan otras instituciones son a tasa variable (tasa interbancaria más un sobreprecio) y la financiera presta a tasa fija, si la tasa interbancaria sube, el diferencial que la financiera cobra entre el monto pagado a sus fondeadores y el monto cobrado a sus acreditados disminuye. En el caso de cualquier empresa, ésta enfrenta riesgos de mercado cuando el plazo al que tiene que pagar sus créditos es más corto que el plazo al que va a vender sus productos. Los empresarios tienen que lograr que sus flujos de salida de dinero sean iguales a los flujos de sus entradas por la vía de las ventas de sus productos, pero, sobre todo, tienen que aprender a discriminar entre sus necesidades de capital o crédito. En el primer caso, el costo es ceder parte de la empresa, pero el capital no genera intereses, por lo que puede ser más paciente en recuperarse. En el segundo, cuando la empresa ya tiene ventas recurrentes y lo único que necesita es un préstamo que se ajuste a sus ciclos de negocio, la deuda puede ser preferible al capital.

- *Análisis del riesgo operacional.* De manera preponderante hay que vigilar la probabilidad de perder dinero por errores humanos y digitales de operación del negocio. Hay que escribir cada proceso que involucra una operación y revisarlo constantemente. Nuestras experiencias nos irán diciendo dónde perdemos dinero por malos procesos y podremos ir ajustándolos sobre la marcha para irlos mejorando. Para ello, es necesario contar con lo siguiente:

* *Control interno*. Es la columna vertebral que sostiene al riesgo operacional y se trata de la capacidad del individuo de desarrollar cada una de sus operaciones de manera segura.

Un ejemplo simple es qué hacer con los pagarés que firman los acreditados. Si los dejamos en una gaveta, alguien puede ponerse de acuerdo con el acreditado y a través de un soborno entregarle su pagaré, dejando a la financiera indefensa para poder cobrarle. Otro ejemplo de corte menos especializado es que como corredora tengo que estar segura de usar los calcetines adecuados para no lastimar mis pies, de amarrarme muy bien las correas de los zapatos, de ponerme vaselina en las coyunturas para no lastimarme con el roce de mis articulaciones, de llevar suficientes carbohidratos en mis bolsillos para un viaje seguro. Este ejemplo de control interno personal para desarrollar nuestras tareas es exactamente la réplica del control interno de las empresas: es el compendio de procedimientos que deben adoptar las empresas para llevar sus operaciones de manera segura que minimice el riesgo operacional.

El ascenso y el riesgo son sinónimos. Si te quedas en la base sin tomar riesgos no ascenderás nunca. Todos los alpinistas empresariales enfrentamos riesgos diariamente, todo el tiempo existe la probabilidad de perder dinero. Debemos desarrollar la práctica indispensable para identificar las instancias que nos presentan riesgos, medirlos con la mayor asertividad posible, prevenirlos, manejarlos. Solamente así podremos levantar nuestro pie y asentarlo en bases seguras que aseguren nuestro escalamiento firme.

DEDICO ESTE CAPÍTULO A

TODOS LOS QUE ME HAN DADO

LA OPORTUNIDAD

DE FRACASAR.

EL PODER
DEL FRACASO

CAPÍTULO 5

«EL ÉXITO ES LA CAPACIDAD DE IR DE FRACASO EN FRACASO SIN PERDER EL ENTUSIASMO.»

WINSTON CHURCHILL

UN BANCO PARA LA INCLUSIÓN FINANCIERA

Después de Basilea y la consejería financiera a países que experimentaban crisis bancarias, resolví integrarme a las huestes de Banorte como consejera de Don Roberto González. Como ya dije, abracé con pasión toda oportunidad que mi mentor me dio para aprender y crecer como banquera. Sin embargo, un día inesperado mi rumbo volvió a cambiar al enfrentar mi primer fracaso profesional.

Ese día Don Roberto me pidió que me

hiciera cargo de la administración del banco. Claramente mi intención era ser directora general de crédito y formarme como banquera, no administradora, por lo que le tuve qué decir adiós a Banorte.

Luego de la conversación de aquel domingo con Don Roberto, volví a sentir el abrazo del fracaso, el cual me regaló una de las reflexiones más importantes de mi vida: el fracaso y la escasez eran mis aliados para impulsarme. Como un niño chiquito que va soltando la mano de su padre, volteándolo a ver, me entregué a la tarea de aprovechar la coyuntura que me presentaba la vida para preguntarme qué es lo que realmente quería hacer. Conocía a todos los banquerotes lo suficiente como para ir a pedirles trabajo, pero tener claro lo que no quería cerró esa puerta para mí para siempre.

Decidí nunca volver a poner mi destino en manos de alguien poderoso que truncara mis sueños. Si no quería reportarle a un jefe, pues lo obvio era ser independiente. Pero, ¿independiente de qué? ¿Regresar a mi vida de consultora? No. Quería crear mi propio banco, un banco para apoyar a los que menos recursos tienen.. Así que me puse a buscar cómo fundaba mi propio intermediario financiero para apoyar a los primeros negocios de México; la espinita de las PYMES se me quedó clavada desde mi experiencia en Pronegocio.

Si tú le preguntas a una persona con escasos recursos si necesita un crédito, te dirá indudablemente que sí. El compromiso de pago le es irrelevante, porque de todas maneras no le alcanza. De ahí que haya varias financieras que cobran más del 100% de tasa de interés, lo que les supone ganancias por encima de lo que gana un banco normal: hacen reservas sobre pérdidas con los pagos de los créditos y cuando ya no pueden realmente cobrar, castigan el crédito contra esas reservas. Mientras, los acreditados se quedan en buró de crédito por mucho tiempo y se hace imposible volverle a dar un crédito en circunstancias normales. Yo quería un banco que se dedicara a impulsar la inclusión financiera con proyectos que se pudieran realmente pagar y premiando el ahorro de una manera justa.

Durante mi estancia en Banorte me di cuenta de que las cinco millones de PYMES del país estaban muy desatendidas, muchas eran producto del desempleo y la mayoría pertenecía a soñadores microempresarios —hijos de la escasez; resilientes, luchadores, innovadores, creativos— que querían una mejor vida para sus familias, pero que no tenían los recursos financieros para apalancar sus iniciativas. A financiar esas PYMES me quería dedicar.

Creo que la ilusión de crear algo que sirva a la sociedad es el tesoro más grande de cualquier emprendedor. Esa ilusión no me dejaba dormir. Los *cómo*, los *cuándo*, los *qué importa*, lo demás. ¿Por dónde podía empezar a materializar mi sueño?

EL SUEÑO NO JUSTIFICA AL SOCIO

El gran proyecto de mi banco para los que menos tienen tenía que ser precedido por los errores de toda empresa emergente. Ahora veo con envidia a los chavos que tienen sueños similares y ni tardos ni perezosos logran juntar a un grupo de inversionistas y ¡fuam! lo logran. ¿Cómo le hacen? ¿La juventud tal vez? ¿El nuevo chip de las siguientes generaciones? No sé, pero ese camino no lo sentí disponible. Además, mi amiga, la escasez, me decía que no habría para la colegiatura del próximo mes; me tenía que mover rápidamente.

Investigué en la página web de la Comisión Nacional Bancaria las estadísticas de las SOFOLES, pequeñas empresas financieras reguladas, algunas de ellas promesas de bancos en el futuro y figura regulatoria que yo había contribuido a crear durante mi paso por la CNBV, a exigencia de los negociadores del TLC para que pudieran venir a México a operar los *non-bank-banks* extranjeros. Descubrí que algunas estaban *nadando de muertito*; es decir, sin mucha actividad crediticia.

Comencé mi tocada de puerta en puerta, a llamarlas una a una: «Me llamo Patricia Armendáriz. Me gustaría dirigir tu SOFOL a cambio de un salario y acciones». Los directivos me conocían por mi trabajo en la Comisión, por lo que todos me dieron entrevista, los más por curiosidad, los menos por verdadero interés. Mi propuesta pretendía volverlas productivas como banco de PYMES, a cambio de un 10% de participación accionaria. No me importaba quién era el accionista principal, ni el sueldo, ni nada, con tal de cumplir mi sueño. Gran error.

Una de las SOFOLES que mostró interés era un cascarón sin actividad, así que rápidamente me metí con todas mis ganas a armarle un plan de negocios, fondeo y todo el numerito. Un día me llamó un amigo que ya había llegado a ser vicepresidente de la CNBV y me dijo: «Paty, ¿qué estás haciendo en esa SOFOL? ¡La estamos revocando!» No lo creí, yo quería que me llevara a lograr mis sueños al infinito y más allá, así que hice una cita con el secretario de Hacienda, lo cual es justamente lo que esperaban los accionistas cuando me contrataron, pues obviamente ya sabían su situación. Sólo me querían para que mis contactos les ayudaran a evitar una revocación inminente y, por consecuencia, que la cerraran. El secretario, siempre cariñoso, no pudo darme detalles porque habría arruinado su investigación, pero después me enteré de que tenían ya pruebas fehacientes de unas operaciones de no muy buen ver con Rusia. Con mi vergüenza en la mano, fui a agradecer a todos los bancos que me habían abierto la puerta para mis primeros fondeos, y les dije: «Que muchas gracias, que usted disculpe, que siempre no».

Muchas veces en nuestro casi infantil entusiasmo de crear, no vemos el entorno sobre el cual estamos construyendo nuestro negocio, y esa puede ser la simiente de nuestro propio fracaso. Hay que ver la calidad y la empatía de los socios con los que nos metemos; hay que *auditar* a nuestros socios. Aun así, pienso que las lecciones no las aprendemos a la primera. Y ese fue mi caso.

Entre los accionistas de esa SOFOL estaba uno que también se había sentido engañado por sus socios y con quien había hecho muy buena amistad. Este personaje me invitó a armar el negocio que yo quería, como yo lo quisiera, donde yo lo quisiera, a la hora que yo quisiera y, pues, sin vergüenza alguna, confieso que nuevamente caí. No cuidé mi entorno. era demasiado dulce el dulce, no podía ir nada mal. Él es una persona totalmente diferente a mí, pero en ese momento lo vi como una complementariedad. Además, me había involucrado con él sentimentalmente; estaba convencida de que seríamos la pareja invencible del mundo financiero que lo podría todo: él tenía el dinero y yo, los conocimientos. ¡Error!

Las señales de que eso no iba a terminar bien comenzaron a darse: el cuate tenía otra novia, pero yo, aferrada a mi sueño, lo resolví sacrificando mi relación sentimental por mantener la sociedad. Más tarde, en una ocasión lo acompañé a atender a unos auditores de Hacienda que le hacían preguntas muy extrañas, pero yo seguí ignorando los signos. Mi proyecto tenía que salir y así fue.

#CONSEJO:

No dejes de atender tus necesidades emocionales porque te equivocas si crees que tu negocio las va a satisfacer. Encuentra los contrapesos que te ayudarán en los ratos difíciles de tu negocio y viceversa.

En mi segundo intento, sí logré hacer un banco. Con el aprendizaje de Banorte y mucho entusiasmo, diseñamos trajes a la medida para cada empresa, con la intención de llegar a modelos de crédito para cada tipo de PYME. Nacional Financiera nos acogió con palmas y aplausos, y calificamos para iniciar una ruta de crecimiento que nos permitiera acceder a fondeo masivo en el futuro. Íbamos a todo dar.

Sin embargo, el negocio, como cualquier negocio bancario, aún no daba lo suficiente, al menos para lo que mi socio esperaba. Él estaba acostumbrado a ganancias rápidas, lo cual es muy difícil en un emprendimiento de banco, por lo que al poco tiempo le echó el ojo a las altas rentabilidades del descuento de nómina y me pidió que la unión de crédito se metiera a financiar al sector de consumo, algo que no tenía contemplado en mi proyecto. Se trataba de firmar convenios con los gobiernos o entidades estatales y financiar un crédito pequeño a tasas altísimas y sin riesgo aparente para cada uno de sus trabajadores a cambio de retenerles de su pago de nómina las amortizaciones. Yo sabía en el fondo que ese giro no era el de nuestra razón social, que nos alejaba totalmente de nuestro objetivo y, en consecuencia, que no estaba permitido a las uniones de crédito, cuyo objeto es financiar a empresas.

Desafortunadamente mi sueño de banco y la necesidad de mantenernos a mí y a mis hijas me hizo perder foco sobre la calidad ética de mi socio, apartarme de mis principios e ignorarlo por años. Así que busqué un enfoque para que encajara en nuestra razón social: un producto de crédito para financiar con descuento a nómina los proyectos productivos de los trabajadores de gobierno para complementar sus ingresos, y él quedó muy satisfecho. Fue todo un éxito, logramos expandir nuestras operaciones a una docena de sucursales en algunos estados y construir un portafolio robusto para ese producto.

La catástrofe llegó cuando la CNBV nos obligó a sacar toda esa cartera de consumo que ya era de muy buen tamaño a una empresa diferente, pues en efecto nuestros créditos no iban para proyectos productivos. La pobre unión de crédito había quedado totalmente desnuda después del despojo del crédito de nómina, pero aun así yo la quería porque ya había avanzado mucho: ya tenía fondeo de la banca de desarrollo y estaba ya validada por una calificadora. Ese fue el principio del fin de Credipyme para mí.

Creo que nuestra voluntad de lograr nuestros sueños puede ponernos una venda sobre los riesgos que puede impedirnos llegar a puerto seguro. Analiza paso a paso y sin engañarte, aunque tenga que llevarte más tiempo, los riesgos de asociarte con alguien que no tiene tus mismos principios u objetivos. Pensar que puedes controlar ese riesgo cerrando los ojos de su amenaza latente es dispararle al corazón de tu proyecto. Tarde o temprano se colapsará. Lo mismo sucede con muchos riesgos: cerrar los ojos a analizar el origen de los recursos de tu inversionista, cerrar los ojos a la percepción de una calidad moral diferente de tu socio, saltarte las barreras legales o regulatorias son otros de los muchos ejemplos de un mal uso de tu pasión, impulso, o prisa por emprender el ascenso a tu sueño, que sólo te desbarrancarán.

Otra ceguera mía con tal de complacer a mi socio al desarrollar el producto de crédito de nómina era el mismo riesgo crediticio del producto mismo, omisión muy frecuente entre los emprendedores bancarios. Aparentemente la seguridad de la cobranza de los créditos la otorgaba el gobierno, porque retenía los pagos de la financiera del pago de nómina de sus trabajadores, mismos que el gobierno depositaba a nuestra cuenta. No pensé, en mis prisas de hacerlo posible, que fuera el gobierno el que se quedara con el dinero. Efectivamente, se hacían los descuentos a los trabajadores, pero no me los depositaban. En este caso, se trataba de un gobierno local que iba a cambiar de gobernador, y mi dinero fue usado para la campaña del sucesor. Esa falta de amortizaciones casi nos quiebra, a no ser por que don Francisco González, otro gran protector mío que ya se nos adelantó, quien nos había fondeado parte de la operación desde el banco que dirigía, reestructuró las deudas que dichos estados tenían y les exigió como condición que nos pagaran con parte de ese fondeo. Ahí aprendí a no confiar en el sector gobierno como pagador seguro.

El gobierno es fuente de ingresos de muchos emprendedores que le venden bienes y servicios. Pero hay que estar atentos de acontecimientos que pueden hacer que no nos pague. Abundan ejemplos en los que los gobiernos incumplen en los pagos a sus proveedores. Porque los gobiernos también están expuestos al riesgo moral, de usar nuestros recursos en cosas diferentes para las que los mandatamos que los usen. Un cambio de sexenio, un cambio en el funcionario que firmó el contrato con nosotros...hay que pensar en todo. Por eso, los contratos que firmemos no deben trascender sexenios y hay que estar atentos a cualquier evento que pueda alterar la capacidad o voluntad de pago de nuestro cliente.

#CONSEJO:

El gobierno no es un pagador seguro. Ten cuidado al firmar contratos que rebasen sexenios y vigila los cambios de los funcionarios involucrados en tu proyecto.

Por otro lado, la crisis de 2008 canceló nuestras líneas bancarias, y nuestras pymes comenzaron a pasar agua, pues sus cadenas comenzaron a fallarles: o sus proveedores ya no las financiaban o sus clientes no les pagaban. Nuestra cadena productiva y la de nuestro portafolio de clientes estaban en estrés y comenzó a crecer nuestra cartera vencida. Encima, debíamos seguir con los créditos de nómina. La mayoría de las industrias mexicanas son como elefantitos: la mayor está atada por la cola de su proveedor y éste de otro más chico y así sucesivamente. Si a la empresa más grande le empieza a ir mal porque el mercado se cierra, se viene un problema económico en cascada. Esta situación me permitió entender que muchos empresarios, cuando los ponen contra la pared, pueden perder la ética y volverse delincuentes. Se esfuman, desaparecen sus garantías, sacan lo peor de ellos mismos. Las crisis muestran los colores de la gente.

Encima, un día, sin qué ni para qué, me vi envuelta en una auditoría silenciosa que mi socio negaba que existía, donde todas las señales apuntaban a que mi socio pensaba que la falta de utilidades se debía a que yo estaba sustrayendo el dinero de alguna manera. El ladrón, pienso ahora, cree que todos son de su condición.

Dejé Credipyme en un proceso de reestructuración de su cartera de nómina y de las pymes de nuestro portafolio con nulo crecimiento. Aproveché ese *impasse* para atender otra tentación en mi vida: el servicio público; un respiro de transición hacia un cambio de rumbo en mi quehacer profesional.

#CONSEJO:

Fíjate con quién te metes. Casi siempre vas a necesitar un socio, así que date el tiempo para conocerlo. Es preferible que tardes en arrancar tu proyecto a empezarlo precipitadamente con la persona equivocada.

BATALLA ELECTORAL

Durante mi camino como banquera me había dado cuenta de que los pequeños intermediarios necesitábamos muchos cambios en la ley para poder acceder a servicios de ahorro, crédito y pagos electrónicos. Pensaba que la crisis de 2008 sería suficientemente profunda para que el sector financiero se recuperara, y que desde la cámara legislativa podría servir a este sector impulsando el cambio que urgía, mientras pudiese regresar a mi sueño de banco. Así que decidí tratar de entrar al servicio legislativo, a la Cámara de Diputados. Hice algunas llamadas con mi propuesta, pero ya era tarde. Las candidaturas ya estaban dadas y ni por más preparada que estuviera lograría ser considerada ya que los espacios se ganan por militancia. La única opción que tenía era pelear por mi distrito en Comitán en un puesto de elección popular.

Mis hermanos pusieron el grito en el cielo: «¡Patuca, vas a perder! Ese distrito ya está comprometido para el hijo del gobernador que fue tu jefe cuando fuiste su asesora. No van a dejar que ganes por ningún motivo». Sin embargo, a mí me atraía muchísimo el proyecto de ir a hacer campaña porque quería entender qué necesitaba la gente y cómo operaba nuestra máscara de democracia.

Serían ocho semanas de campaña nada más. No obstante, Credipyme, ya en las últimas, necesitaba mi atención en su proceso de reestructura, así que le dedicaba media semana y de jueves a domingo me iba a planear la campaña a la casa en ruinas que había sido de mi padre a raíz de nuestro exilio en San Cristóbal, la cual ya había pasado a manos de mi hermano Rubén, mi gran protector. Mi casa de campaña era el refugio paterno, al que le agregué un refrigerador y un par de muebles para hacerla habitable. Mi estrategia consistía en convencer a los comitecos de que su voto expresaba su voluntad. Si no lo lograba, lo venderían por un puñado de fertilizante. En cada comunidad pedía que me dijeran qué era exactamente lo que necesitaban y afirmaba que yo sí les cumpliría, ganara o no ganara.

Esa campaña de medio tiempo no nada más disminuyó mis posibilidades de ganar el distrito, sino que no pude aprender la profundidad de las triquiñuelas políticas que se juegan en el campo de batalla. El primer golpe me lo dieron en el campo mediático: «La doctora Armendáriz había traído de la capital el virus del cerdo». Para la población mi llegada era un misterio, como una especie de Drácula femenina metida en aquella propiedad misteriosa que había sido de Don Gustavo, que traía alguna misión secreta dictada por el presidente mismo. Sólo así, en ese velo de misterio, podían explicarse me atreviera a retar al candidato que la tenía ganada y sus mismas huestes sospecharon que al interior del mismo partido comenzaban a dividirse. Me mandaron al mismísimo dirigente local, haciéndome creer que ninguno de ellos estaba de acuerdo con su candidato y que habían decidido apoyarme porque no veía mejor futuro para Comitán que mi llegada a la Cámara, en vez de mi contendiente. Fue así como lograron financiar su propia campaña ¡con mis recursos financieros!

Mi amiga Alicia, periodista, otra gran amazona en mi vida, igualmente preocupada por la situación, levantó el polvo desde su trinchera al grado de que el gobernador mismo me mandara llamar: «Te juro, doctora, que no es el caso; aquí impera la democracia, no hay plazas comprometidas. ¿Cómo quieres que te apoye?» «Quiero patrullas supervisando las urnas», dije inocente. «Claro que las tendrás, pero déjame sacarte de tu error. Las encuestas nunca tienen la razón en nuestro estado. A última hora, por alguna razón, los ciudadanos cambian de opinión». Obviamente el día de las elecciones mi contendiente arrasó. Mis jefes de casilla se hicieron invisibles, todos los líderes que me habían dado su apoyo al final pactaron beneficios con el contrincante.

Por mi parte, logré mis dos objetivos y, aunque no gané, fue una experiencia muy interesante, pues entendí que no hay partidos, sino consensos en la cumbre entre diferentes poderosos, independientemente de los colores. Que para los acarreados las elecciones son la oportunidad de hacerse de unos cuantos pesos al girarse hacia el postor más avezado con la propuesta más jugosa en cantidades impensadas; por eso las campañas cuestan tanto dinero, se compran las voluntades de los líderes. Que los votantes son inmunes a las promesas de campaña porque saben que no las van a cumplir, así que asisten a los mítines sin escuchar o participar en el debate. Los votantes masivos son mantenidos en la pobreza por conveniencia de nuestros gobiernos.

Cuando todo había terminado instalé una oficina en la cabecera para tratar de cumplir mi promesa a través de los recursos de los programas sociales federales. Me convertí en gestora, hasta que un día mientras esperaba mi turno para ser atendida en las oficinas locales, pues la la representante me mandó a llamar a su oficina. Me dijo que sería muy sincera, que los recursos ya están comprometidos con los candidatos que ganaron y que no se repartían en esas instancias; que no perdiera el tiempo. Ahí acabó mi sueño de ser promotora social por la vía política.

Terminé, no sin gran dolor, este capítulo ultrajada y con las manos vacías. Me fui a refugiar a mi iglesita de Tlacopac y salí muy tranquila; en esa comunión conmigo, con Dios y con mi universo de poder, decidí o descubrí que lo mío lo mío era ayudar a la gente desde mi trinchera de especialización financiera. Facilitaría el acceso a créditos para que los más necesitados pudieran desarrollarse pudieran crecer y dejar de regalar su voto. Esta lección me hizo regresar a Credipyme para cerrar ese ciclo que no llevaba a ningún lado.

Hace muy poco un amigo que estimo me volvió a invitar a hacer campaña, esta vez como senadora para otro partido. Mi aventura anterior, junto con otras razones de mucho peso, me hicieron declinar. Y qué bueno que lo hice, pues los candidatos ganadores fueron removidos para ser sustituidos por los cercanos al gobernador saliente.

No obstante, creo que mi experiencia partió de una iniciativa basada en una premisa falsa proveniente de la ignorancia acompañada de la soberbia: podemos hacer lo que se nos venga en gana. Nuestras decisiones hechas sin conocimiento pueden estar cargadas de pasión, pero no serán nunca las más adecuadas. Yo no sabía en la que me estaba metiendo, no conocía cómo funcionaba la política. ¡Ah, pera yo era la doctora Armendáriz! Eso, como varita mágica, resolvería las cosas y triunfaría. Sí cómo no.

Esa actitud la observo mucho en los jóvenes quienes creen que pueden hacer lo que quieran. Tienen derecho a la soberbia, pero si le añades falta de preparación e ignorancia, es muy difícil encausarlos. Los he visto cavar un hoyo de frustración y autodestrucción cada vez más profundo.

#CONSEJO:

Cuando inicies un proyecto, tu pasión es una condición necesaria, pero no suficiente. Tienes que tener el conocimiento y la experiencia que te permitan desarrollarlo.

Cuando mi socio se dio cuenta de que la gallina de los huevos de oro ya no estaría dentro de nuestra unión de crédito, en lugar de cerrar filas, las abrió. Comenzó a hacerme la vida muy pesada para justificar el quedarse con el negocio alterno. «O me vendes o te vendo». Decidí ponerme la unión a las espaldas y buscar un socio estratégico que le pagara a mi socio lo que pedía.

Durante mi *roadshow* en búsqueda de un nuevo socio para Credipyme, Sergio Chedraui, a quien extraño aún enormemente, me ayudó a enmendar el camino. Él era una persona optimista, segura de sí misma, con una gran inventiva para los negocios financieros y a quien había conocido cuando alguien me recomendó para dirigir un banco que había fundado con su familia. «¿No te das cuenta de que tu socio te está vendiendo a ti? Sin ti esa empresa no vale lo que está pidiendo. Mejor creemos el banco que quieres juntos.» Me abrió los ojos y decidí no caer en el mismo círculo vicioso. Así que retiré mi promesa de compra.

#CONSEJO:

Busca siempre una caja de resonancia. Puede ser tu mamá, tu hermano, tu pareja, tu amigo, alguien que te quiera bien y que comparta tu pasión; alguien que no tenga problemas en arriesgarse a analizar tu proyecto y que sea un advertidor de riesgo. Escúchalos porque sus comentarios vienen desde su amor por ti.

Eran las 10 de la mañana de un día de un septiembre, uno de los días más difíciles de mi vida. Esa mañana mi exsocio vació su venganza por no haberme quedado con la empresa al precio que él había decretado. El señor que tenía enfrente de mí, no con quien había fundado mi primera empresa, estaba en su territorio, su oficina, con su abogado, inquiriéndome. Yo no fui acompañada porque todo lo que quería era un papel firmado de paz y salvo. Estaba exhausta emocionalmente y aterrada de lo que ese personaje podría ser capaz de hacerme si las cosas no resultaban a su manera. No quería más confrontaciones *soto voce*, porque en realidad mi socio jamás me dio la cara. Cuando le preguntaba qué sucedía ante las agresiones y amenazas que me hacía llegar a través de su abogado o sus familiares, me contestaba: «Nada», con una sonrisa inventada. No había claridad ni apertura, por eso el peligro.

Cuenta por cuenta, rubro por rubro de lo que me debía cobrar si quería nuestra ruptura como socios, mi socio me hizo pagar mi decisión cobrándome hasta el último centavo de los subsidios económicos que habíamos acordado verbalmente al principio que me correspondían, además de mi pírrico sueldo con el que mantenía a mis hijas. Decidió cuál sería el saldo de esa sociedad que terminaba: cero para mí. Si quería los pocos ahorros que mi hermana me había confiado para invertirlos en mi primera empresa, donde había depositado todas mis ilusiones, entusiasmo y pasión, me los irían pagando en 12 mensualidades. Yo al final lo que quería era salir de eso, así que acepté cada despojo. Quería terminar con esa relación que tantísimo daño emocional me había causado durante más de seis años.

Firmé sin ni siquiera voltear a ver el monto. Bajé las escaleras, salí lo más pronto que pude de aquel lugar que había visto florecer mi primer sueño de empresaria, como si saliera esta vez de un hoyo apestoso, obscuro, oprimente. Salí humillada, muy triste, pero, sobre todo, con las manos vacías y el amargo sabor del fracaso, sin saber a dónde ir con mi vida. Ya para entonces mis hijas afortunadamente habían encontrado su camino, ahora ¿qué haría conmigo misma?

Esta vez el fracaso me hizo aprender a tomar distancia suficiente para entender de dónde vienen nuestras decisiones, qué estamos dispuestos a sacrificar de nuestra integridad para lograr cubrir una necesidad y alcanzar nuestros sueños, qué perdemos en el camino, qué historia nos contamos para justificarla y actuarla, y que es hasta su final que nos damos cuenta de por qué nos las contamos. Yo disfracé mi falta de ética conmigo misma, me asocié con alguien que no compartía los mismos principios que yo, me creí la historia de que nos complementábamos de una manera muy poderosa para los negocios para justificar la necesidad que tenía y que me estaba llevando a traicionarme a mí misma en esa asociación tan dispareja. ¿Cuántas veces pretendemos tapar el sol con un dedo para justificar nuestra traición a nuestros propios principios, movidos por la necesidad de lograr nuestros sueños? Por otro lado, más tarde entendí también que quien no se cae no aprende y quien no aprende no avanza. Mi caída me enseñó que un socio debe tener nuestro mismo ADN: qué los mueve, qué buscan, cómo es su conducta.

Así, de una manera especialmente dolorosa y traumática, mi sueño se vio truncado por enésima vez a lo largo de mi vida. Pero, como cualquier emprendedor sabe, las experiencias negativas son los cimientos de la fortaleza de nuestros proyectos, siempre y cuando el tamaño de nuestro sueño no nos deje abandonarlos como ruinas de algo jamás logrado. Era el precio de mi error, pero también el de mi libertad, con la cual rectificaría el rumbo a través de un nuevo proyecto.

#CONSEJO:

Sé resiliente; prepárate para recibir sorpresas, malas y buenas. Si algo es absolutamente falso es que las cosas salen como las queremos. Es mejor pensar en lo peor que puede pasar que decepcionarte con cuentas alegres. Así que trata de pensar que *es lo que es, haces tu mejor esfuerzo*, remontarás esta situación y saldrás fortalecido con sus enseñanzas. Recuerda que el camino del emprendimiento no es lineal.

DEDICO ESTE CAPÍTULO A

LA MEMORIA DE MI ABUELA MARÍA, QUIEN SENTÓ MIS BASES TEMPRANAS DE ESPIRITUALIDAD.

EL PODER
DE LA ESPIRITUALIDAD

CAPÍTULO 6

«LA RELIGIÓN ES PARA LOS QUE NO QUIEREN IR AL INFIERNO. LA ESPIRITUALIDAD ES PARA QUIENES YA HEMOS ESTADO AHÍ.»

DAVID BOWIE

La espiritualidad es nuestra conexión más rápida hacia nuestra fuerza interior, esa que necesitamos indudablemente para lograr nuestro ascenso hacia los proyectos que imaginamos y deseamos. Sus caminos los tenemos que encontrar nosotros mismos. Los míos los he ido descubriendo desde mi infancia, y los recorro cada vez que necesito una pausa para decidir, un momento para llenar el tanque, un respiro prolongado, el retiro para recobrar la fuerza para salir adelante. Ojalá ese respiro lo cultivemos cotidianamente para también estar listos siempre.

Los alpinistas debemos acudir a la fuerza de nuestra espiritualidad todos los días, cuando nos levantamos para reanudar la marcha. La meditación diaria nunca falla para tomar esta fuerza. También, en días de avalanchas y tormentas, refugiarnos en nosotros mismos a través de la contemplación de la naturaleza es una manera de reconstruir nuestros músculos internos dañados en batalla.

MÍSTER OCEAN Y MÍSTER SUN

Ese día de mi ruptura con el socio incómodo, manejé hacia mi casa, confundida, y pasé al lado de la iglesita de mi barrio, a donde tantas veces en mis recorridos matutinos pasaba a agradecer. Esta vez entré, me hinqué, vi hacia arriba del altar, más allá del techo, y pedí iluminación al Dios que mi abuela me mostró. Simplemente me dejé llevar por la pequeñez de lo que soy. Sin haber entrado por respuestas, salí sin ellas del templo. Pero salí dentro de mí misma, contenida, en mi propio templo. Nada había cambiado, pero todo había cambiado. Salí en paz, fuerte, viendo hacia adelante, sabiendo que había ganado, había aprendido y que muy pronto sabría seguir un mejor camino.

A la mañana siguiente me llevé a Cheli, mi fiel amiga con quien había construido aquella empresa y a quien mi socio había despedido semanas antes. Fuimos a buscar respuestas en Míster Ocean y en Míster Sun. El pescador que cuida mi pedazo de playa chiapaneca desierta y franca nos recogió de este lado del verde estero que nos esperaba con su paz en las tranquilas aguas matutinas, y en silencio nos instalamos en la palapa. Hipnotizada por el león bravo que ese día era Míster Ocean, me regañaba por haberme involucrado con el sujeto aquél y por haber confiado en él, hasta caer dormida, exhausta.

A la mañana siguiente, muy de madrugada, Cheli y yo nos envolvimos en las sábanas de nuestras camas y nos subimos a la lanchita de motor a buscar a Míster Sun entre los laberintos del estero y los garzones grises que escapaban dejándonos el mensaje del susurro del aire que desplazaban con su vuelo. Tras aparecer los primeros rayos generosos de sol, los pájaros empezaron a hablarme de un nuevo día, augurando un mejor futuro con sus mejores trinos. Con los ojos apenas abiertos para que su grandeza no me cegara, vi a Míster Sun de frente, acurrucada en mi sábana en la banquita de la lancha. Entonces, sentí el calor y la luminosidad de la esperanza que me regaló esa mañana.

Más tarde regresamos a nuestro refugio marino. Míster Sun y Míster Ocean, junto con Cheli, me acompañaron durante todo ese día que sentí como un golpe de timón hacia mi futuro. Decidí volver a empezar, por supuesto que mi camino no se cerraba ahí, había aprendido muchas cosas que me servirían para mi nuevo proyecto. Ese día, una vez más, mi espiritualidad salió a mi rescate de manera franca y decidida.

Comencé a reunirme con Sergio Chedraui todos los miércoles para diseñar el modelo de negocio de Financiera Sustentable. Juntos la haríamos realidad, pero no la alcanzaría a ver, pues falleció seis meses más tarde. Gracias, Sergio Chedraui, hasta el cielo.

Muchos años después he sustituido el templo de ladrillo por el templo de la naturaleza como el camino corto para mi espiritualidad. Míster Sun me ha regalado amaneceres y atardeceres de sabiduría y decisiones profundas. Míster Ocean me habla si logro encontrarle el ritmo y reconocer su grandeza; y a él me dirijo de *usted.* Dios se ha metido en mí en su grandiosa naturaleza, a conversar conmigo todo el tiempo, enseñándome el poder de agradecer estar viva, de mis ratos felices.

#CONSEJO:

Cuando estés en estrés, en bifurcaciones importantes, no hay nada como la naturaleza para aconsejarte. Acude a ella humilde y abiertamente cada vez que puedas.

MANUALIDADES PARA EL ALMA

La figura de mi abuela se volvió espiritualmente muy influyente en mí. Siempre la encontraba cocinando, tejiendo, cosiendo, rezando en un rincón en silencio. No había manera de que se ocupara de algo diferente.

Me encantaba hacer galletas con ella; sus dedos acariciaban la harina en movimientos verticales, tomando pequeñas cantidades y dejándolas caer con un gesto que sólo podía lograr al estar en contacto sus dedos con cada fino grano. Con cuidado hacía el montoncito de harina como si fuera un volcán y dejaba caer los huevos uno a uno, como un Dios griego provocando un fenómeno natural. Después de sacudirse las manos como lo haría un director de orquesta con su batuta, acariciaba la masa con la palma de la mano, apenas la tocaba lo suficiente para que se formara la bolita debajo de sus palmas. Espolvoreaba de harina la cuna para que le permitiera darle forma y le pasaba un tenedor levemente para formar algún dibujo encima. Luego, levemente, aplastaba la galleta contra la mesa. El azul del azúcar era para el adorno; ella sabía que era mi favorito y me decía con la mirada: «¿Ves, te complazco?». A través de esos ojos rasgados por una dulce y pacífica sonrisa aprendí la expresión de la alegría. Esa mirada de mi abuela era un acto de amor y su compañía un verdadero goce espiritual.

Si la encontraba tejiendo, sacaba mi tejido incompleto y agujas o gancho, y me guiaba amorosamente en el patrón que estaba haciendo. Nada más escuchábamos el sonido leve del gancho entrando y saliendo del crochet o el dulce y punzante sonido de las agujas chocando entre sí para sacar el siguiente punto del tejido. Ni una palabra, ni una distracción, solamente las miradas entre nosotras como si estuviéramos nadando, corriendo o volando juntas.

Si la encontraba en su máquina de coser, me daba chance de sentarme y hacer con ella el vestido de mi muñeca. Ella escogía para nosotros los trapitos que dejaba de los vestidos o camisones para dormir y los confeccionaba con arte y primor.

Ella escribía y leía mucho. Para no distraerse, leía con sus lentes a media nariz, dándole la espalda a la puerta, sentada sobre el borde de su cama que daba a la pared. Cuando se fue, encontramos muchos de sus libros, algunos de recetas y pensamientos personales o que copiaba de algún lado. «En soledad cuida tus pensamientos; en sociedad cuida tu lengua», por ejemplo.

«Buenas noches, mamacita» era la señal de tía Bety, quien dormía en el cuarto contiguo y que me adormecía con sus conversaciones con su mamá de cuarto a cuarto, que mi abuelita ya había entrado en oración y el silencio que le seguía significaban el fin de la conversación. Con su mirada al rezar, me permitía acurrucarme a su lado para tratar de leer sus labios: «Dulce madre, no te alejes...», «Señor mío, misericordioso Señor...» Los susurros me arrullaban hasta quedar dormida junto con ella, en mi pequeña cama que ocupaba el rincón de su cuarto. La acompañaba a misa de siete, gustosa de sentir el frío de la mañana con tal de hincarme a su lado con reverencia y ver su rosario deslizarse entre sus manos. Relacionaba todos esos actos simbólicos con su vida y nunca le conocí una queja. Descubrí que sus conversaciones con Dios eran más bien diálogos con ella misma. Sus peticiones y sus solicitudes de resignación y aceptación al Señor se dirigían a ella misma. *Es lo que es, hago mi mejor esfuerzo.* Mientras tanto, yo trataba de descifrar cuáles eran sus recetas para la vida, y sus rezos eran parte de ellas. Hasta ahora esos momentos de introspección son mi propio camino al descubrimiento de mis más íntimos deseos, de la inspiración y de la fortaleza para lograrlos. No fue sino hasta muchos años después de que nos dejó que descubrí que su secreto para enfrentar mis problemas más serios era un secreto a voces para mucha gente.

Con su guía desarrollé mi espiritualidad y, en paralelo a sus enseñanzas, comencé yo misma a cultivar los hábitos del tejido, la costura, la cocina, la visita a la iglesia, como la relación más íntima conmigo misma. Hasta la fecha esas tareas son de mis actividades más productivas para el alma, pues, así como la naturaleza me conecta por la vía rápida con mi espiritualidad, lo mismo sucede con los trabajos manuales y la sabiduría; me conecta con otras esferas de nuestro cerebro. No es casualidad que Atenea sea la diosa de la sabiduría, pero también de las manualidades.

Por ejemplo, cocinar para mí es un verdadero disfrute de mi creatividad, de mi sensualidad a través de los olores y sabores, de mi tacto a través de las texturas culinarias, un cultivo de tu espiritualidad de la mejor calidad. Cuando cocinas te regalas a aquellos para los que preparas la comida, te regalas a ti misma. Yo acudo a la cocina cada vez que puedo, de preferencia diariamente. Disfruto cada vez que puedo preparar el desayuno para mí. Con verdadera ilusión voy al mercado a ver qué ingredientes consigo para alguna comida o cena con invitados en mi casa. Me tomo la tarde libre para escoger, medir y prepararlos. En días especialmente apurados en mi oficina, procuro llegar a casa a cocinar para aterrizar mi día, para nutrir mi espiritualidad. Mi intento de volverme vegetariana estimula aún más mis sentidos de creatividad y me concentra en mis propias recetas alquimistas.

Los alpinistas debemos parar cotidianamente en el camino para fortalecer nuestra fuerza a través de la espiritualidad que nos brindan labores que nos conectan con nosotros mismos en línea directa. Para mí, una de ellas es cocinar. Otros la encuentran en actividades deportivas o artísticas. Si no buscamos estos ratos de supuesto asueto, profundamente espirituales, no fortaleceremos nuestra capacidad de ver más allá del bosque.

#CONSEJO:

Las pausas, los momentos de asueto, las actividades recreativas, dedicadas a la reflexión y al desarrollo de la espritualidad clarifican la vista y te dejan ver el bosque.

ES LO QUE ES Y YO HAGO MI MEJOR ESFUERZO

Muchos psicólogos que me han ayudado a lo largo de mi vida me han hecho ver el valor de la sencillez de mi niñez y su cercanía a la naturaleza. Ese entorno primario me ayuda a conectarme con mi espiritualidad en automático.

Las empinadas calles de Comitán, aún sin pavimentar, hacían que las casas estuvieran circundadas por arroyos en lugar de calles en época de lluvias. El agua podía llegar a cubrir los tobillos o alcanzar la rodilla, dependiendo de la fuerza del aguacero. Salíamos a las calles sin zapatos, sintiendo el empedrado de la calle con las plantas, y hacíamos barquitos de papel que soltábamos río abajo deseando de que no se hundieran tan rápido. Era yo el agua que los arrastraba río abajo pero mis pies desnudos se aferraban a las piedras de la calle.

Mis plantas descalzas me enseñaban cosas de la tierra. La diversidad de recursos y orígenes era obligada en las escuelas, pues no había suficientes como para que hubiera colegios para cada estrato social. Para ir a clases me quitaba los zapatos y los dejaba ocultos detrás de la puerta de mi casa para estar a tono con la mayoría de mis compañeritos . En ese acto, sin saber, me formé una conexión con la tierra y sus texturas.

Montada a pelo en el único caballo del rancho, galopando entre los arboles, sintiendo el viento fresco en mi cara, disfrutando el aroma inigualable de maíz y pino me sentía libre. El cerebro guarda nuestras emociones asociadas a los sentidos. Me conecto con mi libertad con sólo visitar el rancho aquel. Disfrutaba de mi privacidad tocando el piano de la casa de mi tía Esperancita. Sobre el tejado de la casa, al amparo y aroma del naranjo que me proveía de un escondite leía por enésima vez mis cuentos favoritos, acompañada solamente de mi mono, Titi, que me había regalado el encargado del rancho. Mi mascota y compañía incondicional se puso a competir conmigo por el agrado de mi papá, hasta que me mordió tan fuerte que terminé en la enfermería para que me administraran una vacuna antirrábica.

Tal vez el poder más importante que he obtenido a través de esta conexión con las manifestaciones de la naturaleza ha sido el de la aceptación. *Es lo que es y yo hago mi mejor esfuerzo.* Gracias a esta frase he logrado ahorrarme muchos momentos de entuertos de intestino y de sabores amargos de fracaso o decepción. Esa frase también vino a sustituir exitosamente mi tendencia a sentirme víctima de alguien o algo, lo que es el mejor pretexto, excusa y justificación de paralizarnos; exactamente opuesto al empoderamiento que nos da la aceptación de lo que es y de nuestro esfuerzo como nuestra única arma para construir nuestros resultados.

Veo con gran admiración que los empresarios de impacto están más conscientes del cuidado del planeta y la naturaleza, creando productos amables, socialmente responsables, como lo son los nuevos productos orientados a la agricultura que regenere el planeta, productos financieros que regeneren la salud financiera de la mayoría a través de acceso al crédito y ahorro, tecnologías naturales integrales que unen un consumo responsable con su producción. El contacto con la naturaleza y la misión de protegerla a partir de proyectos sostenibles fortalece la espiritualidad de los empresarios y los ha vuelto más poderosos.

¿Y CÓMO ESTÁ TU ESPIRITUALIDAD?

Ésa era la pregunta obligada de las sesiones grupales a las que acudía desesperadamente para tratar de apoyar a mi hija en sus años difíciles de adolescencia. Mi espiritualidad de entonces, según mis maestros, era el cultivo de hábitos que me dieran fuerza interior, cualesquiera que fueran. Esa misma pregunta también me la hizo mi psicoanalista a quien acudí para platicarle de mi preocupación en un lapso de pérdida de conversación que tuve con mi fuente interior de abundancia. Le contesté muy ufana mis diferentes formas de espiritualidad: la meditación, la lectura, el ejercicio, el cultivo de las artes. Lo curioso fue que no se refería a esa espiritualidad mística. Se refería a otra definición de espiritualidad: la manera de resolver nuestros problemas. ¿Cómo lo haces? ¿Enfrentándolos o escondiéndote creyendo que se van a ir por sí solos? ¿Cómo los enfrentas? ¿Con qué nivel de calma? ¿En qué momento? ¿En qué espacio? El cultivo de tu espiritualidad se refleja en la eficiencia con que resuelves tus problemas y enfrentas tus obstáculos. La profundidad y amplitud del reservorio que vas llenando con tus experiencias alimenta la calidad de tus decisiones. Mis estrategias para llenar el mío son variadas.

Una forma es realizar un deporte solitario, como correr, la forma más rápida de meterme en mí misma y meditar es con la cadencia de mis pasos. Si es un maratón, mejor, porque ahí sí, emulo mi vida y trazo mentalmente mi estrategia: ¿cuántos kilómetros me iré tranquila para calentar los músculos?, ¿en qué kilómetro aumentaré mi ritmo?, ¿cómo lo determinaré: por mi ritmo cardíaco o por mi cansancio percibido?, ¿cómo enfrentaré *la pared*, ese momento en que los corredores literalmente creemos que no podemos más?, ¿con qué estrategia?, ¿en quién pensaré?, ¿qué porras me echaré?, cuando me canse, ¿qué le diré a cada pie para que vaya para adelante? Adoro los maratones por eso y por el acompañamiento de la gente en las avenidas. El género humano transmitiéndome su energía me hace volar y no flaquear. Es la mejor ocasión para meditar sobre mi vida, mi día, mi conflicto del momento, mi triunfo del momento, mi obstáculo del día. Muchas veces simplemente corro para resolver un problema. Me subo a mis tenis y ¡a resolverlo!

Por otra parte, el nado es una relación espiritual diferente. El ritmo de la respiración oxigena mi cerebro y me proporciona otro tipo y calidad de pensamientos y sentimientos; también el ambiente acuoso me remite a la etapa previa a mi nacimiento. Para una competencia me pregunto qué medidores me van a indicar si estoy en postura ideal o cuántos kilómetros he recorrido. Además, es un evento aún más solitario que un maratón: soy yo y mi respiración, yo y mis brazadas, yo y lo que veo en cada salida a tomar aire. Cuando nadé el canal del Bósforo, salí de él renovada, fortalecida. De un lado Asia, del otro Europa, y yo avanzando por entre los puentes. A pesar de que luchar contra la corriente en la entrada final me tomó muchos minutos, tantos que me costó trabajo adaptarme en el suelo después de terminar, parecía un pez recién pescado.

La lectura también ha sido clave en mi espiritualidad y en la solución a mis inquietudes. Mi gusto inició sobre el palomar construido por mi papá para alojar su biblioteca. A través de sus lecturas favoritas de Herman Hesse y Stefan Zweig lo descubrí; leía para tener temas de conversación con él. Ahora, leo con avidez los libros de *how to*, en mi afán de curiosidad por conocer más para resolver mis problemas del momento;

por ejemplo, *Baghabad Gitta* me guio en el camino para salir de la tristeza después de mi separación matrimonial.

A Don Fernando Hinestrosa, Papá Fer, abuelo entrañable de mis hijas, quizá lo que más agradezco de su herencia es mi gusto por el arte como un instrumento para sublimar mi espiritualidad. De él absorbí ávidamente su conexión con las artes. Mientras vivíamos en Nueva York, mis suegros nos visitaban muy frecuentemente. Era yo quien lo acompañaba a los museos, a los conciertos y a la ópera. Asistimos a ciclos completos del Anillo y me enseñó a disfrutar la poesía wagneriana. Sus ojos se llenaban de lágrimas ante los diálogos entre la Valkiria y Wotan, su omnipotente Dios Padre, que tenía que castigarla por no haberlo obedecido, en nuestras jornadas operáticas wagnerianas. Igualmente lo veía conectarse consigo mismo admirando sus *kokoschkas*, unas miniaturas del expresionista austriaco enmarcadas en un rincón del Museo de Arte Moderno de Nueva York; acudía decenas de veces para que le reprodujeran las emociones buscadas. En la música que lo acompañó todos y cada uno de los días de su vida, se anticipaba al siguiente arpegio y, en consecuencia, al sentimiento que evocaba con sus más íntimas notas del alma. Con mano firme me apretaba el brazo y era generoso al explicarme por qué su encuentro con tal o cual expresión artística le movía sus sentimientos de sublimación.

Con él acudí innumerables ocasiones a los mejores museos del mundo. Coleccionaba versiones múltiples de diferentes piezas de sus compositores favoritos, los pasajes seguros a la contemplación y el goce espiritual de Bach, principalmente. Hasta la fecha, homenajeo a Papá Fer parada frente a mis propios cuadros que me inspiran, mis propias piezas de música, mis propios boletos hacia mi espiritualidad. Él me enseñó a desarrollar mi espiritualidad a través de un cuadro, la contorsión de un bailarín, la atrevida nota de un barítono, el poético monólogo de Wagner; los busco como verdaderos remansos que me apaciguan pero que a la vez fortalecen mi espiritualidad.

Más tarde he tenido la fortuna de estar muy al lado de una amazona de la espiritualidad, Carmen Parra, quien a través de sus pinturas y esculturas ha logrado cultivar un alma profunda y acogedora.

CULTIVO DE FORTALEZAS

La prisa por querer llegar a nuestras metas nos aleja irremediablemente del poder más indispensable que tenemos para conseguirlas: nuestra espiritualidad. Arriesgamos nuestra llegada a nuestros objetivos so pena de confiar nada más en nuestro impulso y tropezar más a menudo. Debemos, disciplinadamente, planear pausas diarias, semanales, mensuales, anuales para nutrirnos. Reservar horas de conexión con nosotros mismos todos los días para meditar; no trabajar 24 por 7 y descansar lo necesario diariamente; dedicar nuestros fines de semana a nuestros seres queridos y a algún deporte, al deleite de la lectura y contemplación de las artes, a nuestra conexión con la naturaleza; conectarnos con nuestro cuerpo con el ejercicio; tomar unas vacaciones largas al menos una vez al año para ganar visión, perspectiva y desconectarnos de nuestro esforzado escalamiento cotidiano. Todas estas son formas de construir la columna vertebral de nuestra verticalidad espiritual que nos permitirá ascender con más fortaleza y determinación nuestros sueños. Sin espiritualidad no hay fortaleza posible. Ni para nuestra profesión ni para nada. Por el contrario, si nos damos el tiempo y el espacio para cultivarla lo más cotidianamente posible, tendremos el reservorio lleno para sacar fortaleza, y calma, y espacio, para ascender a paso seguro en cualquier proyecto que emprendamos.

DEDICO ESTE CAPÍTULO A
MIS HIJAS, LOS COLABORADORES
DE MI EMPRESA, ACCIONISTAS,
FONDEADORES Y AHORRADORES
DE FINANCIERA SUSTENTABLE
QUE HAN ACTUADO COMO CAJA
DE RESONANCIA DE MI PASIÓN
POR AYUDAR A LA GENTE.

EL PODER
DE LA EXPERIENCA

CAPÍTULO 7

«EL CONOCIMIENTO DEL HOMBRE NO PUEDE IR MÁS ALLÁ DE SU EXPERIENCIA.»

JOHN LOCKE

Con la misión y su tamaño en mente me lancé a un nuevo proyecto que después tomaría el nombre de Financiera Sustentable. Sabía ya dos cosas que había aprendido de mi última experiencia: qué quería y cómo; es decir, socios decentes, sobre todo, e irme especializando por sectores para lograr un verdadero impacto. Así que partí del diseño de un modelo de negocio con Sergio Chedraui. Sin embargo, ya que estaba listo, un día antes al lunes en el que iba a hacer su aportación de capital, un maratonista me llamó para decirme que mi amigo acababa de colapsar a su lado. La noticia me hizo derrumbarme sobre la banqueta, hundida en llanto y tristeza. Nunca creí que lo hubiera llegado a querer tanto, hasta ese momento.

Así como la pérdida de un socio tóxico nos genera experiencia para saber qué no queremos en nuestra siguiente asociación, la pérdida de un socio bueno como Sergio me dejó la enseñanza de qué requisitos debía tener mi siguiente accionista: compartir la misma ética, la misma moral, empatía y entusiasmo hacia mi proyecto. Con mucho dolor, comencé la búsqueda de un sustituto confiable que me acompañara en la aventura de Financiera Sustentable. Busqué a Rubén, mi hermano diez años menor, pero hay algo en él desde que se convirtió en adulto que lo convirtió en mi hermano mayor. Me protege, me aconseja, me cuida; es un ser reflexivo, pero también con un gran espíritu de goce de la vida; un cheque en blanco en mi vida. Inmediatamente, me dijo que sí le entraba como socio capitalista de 30% de la empresa. Después fui a ver a otro entrañable amigo, quien me pidió que no divulgara su nombre y quien con gran generosidad también apoyó mi proyecto. El tercero fue mi amigo Jorge Rangel de Alba, banquero de toda la vida, accionista principal de Ixe de mis épocas de reguladora y ahora fundador de CIBanco. Él me regaló la oportunidad de convertir también en accionista a Norman Hagemeister, quien ha sido un pilar incondicional de la empresa y de mi desarrollo empresarial.

Inicié Finsustenta con un grupo de accionistas que creyeron en mí, pero sabía que todos consideraban los riesgos, como cualquier socio inversionista que apoya a una *startup.* Además, como el producto crediticio con el que empezábamos, por definición, nadie lo sabía hacer porque era un producto nuevo, tanto en el segmento de clientes como en el producto mismo, yo misma tenía que aprender sola cuáles serían las características de ese producto que fuera en verdad un producto; es decir, que le sirviera a la gente, y que fuera rentable.

No podía ir a pedirles que cubrieran mis pérdidas operacionales, además de que con pérdidas tampoco podía ir a buscar préstamos para crecer mi cartera. Así que tuve que ser muy cuidadosa de que mis costos operacionales crecieran por debajo de mis ingresos, para no generar pérdidas. Esto me llevó a echarme las tareas más difíciles que hubieran requerido contratar a personal mucho más especializado y senior, si hubiera querido delegarlas.

En consecuencia, mi director de crédito y yo prospectábamos créditos y manejábamos la tesorería. Yo buscaba de puerta en puerta a los fondeadores de recursos que creyeran en mi proyecto. Nos hicimos acompañar solamente de una contadora y una abogada recién egresadas de la universidad que estaban dispuestas, igual que nosotros, a aportar sus conocimientos y pasión por un proyecto en que creían y querían crecer con él, además de recibir mi entrenamiento y tutela. Hasta la fecha, Finsustenta es un semillero de jóvenes que vienen a aprender de banca y se quedan. Poco a poco nos hemos podido dar el lujo de contratar al personal senior que necesita nuestra organización.

#CONSEJO:

Toda startup por pequeña que sea debe empezar con mesura, ahorrando costos desde el día uno, mostrando su viabilidad con utilidades para poder atraer capital y crédito que la ayude a escalar.

La elusiva rentabilidad y la promesa de darles a mis accionistas un retorno a su capital de más del 25% va por muy buen camino. Se ha convertido en una tarea cotidiana a mi cargo, para encontrar la estructura de costos adecuada. Y lo voy a lograr pronto.

Financiera Sustentable es mi lugar para finalmente colgar el sombrero, el opus de todo lo que he aprendido profesionalmente. Al menos eso espero. Es el lugar donde tengo la suficiente independencia y apoyo de mis socios para consolidar mi sueño de hacer el bien yéndome bien. De ayudar a la gente. De bancarizar a los marginados de los servicios financieros.

LA BASE DE LA PIRÁMIDE, LA BASE DE MÉXICO

Los economistas sabemos de las virtudes del crédito para el crecimiento económico. Los bancos, los intermediarios financieros, tenemos la misión de transmitir el dinero de las personas que quieren posponer su consumo (ahorrar) a las personas que quieren consumir ahora a través del crédito.

Para los microempresarios mexicanos, el poder hacerse de un instrumento de trabajo, el consumo de manera productiva, es la diferencia entre crecer o estancarse en su camino cuesta arriba. Consiste en darle al emprendedor su primera olla para esos tamales con el toque que sólo él tiene, su primer refrigerador para los helados que creará con su gran inventiva, su primer vehículo de transporte público, su primera carretilla para acarrear la materia prima o su primera camioneta para comercializar sus productos; su primer escalón para construir sus sueños. Es brindar ingresos para consumir después tus productos, capacidad de pago, capacidad de consumo. Así se construye el mercado interno de México. Así se construye México. Y su futuro. Así les dejamos a nuestros hijos un México mejor, no hay de otra.

Por siglos la mayoría de los mexicanos no ha tenido esa oportunidad. La mayoría muere en la misma situación en la que nace. O en una situación peor. No hay movilidad social, donde un individuo nace en una situación X y muere en una situación X+Y. El modelo del estado mexicano ha logrado generar riqueza nada más para unos cuantos. La capacidad de gasto e inversión ha estado siempre limitada para un grupo. No hay instrumentos para que el grueso de la población, con su inventiva y gran iniciativa, vaya construyendo generaciones cada vez con mayores recursos. Los mecanismos de apoyo para los microempresarios en el mejor de los casos apenas les ayuda a subsistir, y en el peor de los casos las transferencias ideadas por el gobierno para redistribuir el ingreso y mejorar las oportunidades se han quedado en intermediarios políticos que los han manejado para el voto acarreado, para la manipulación.

Según el Instituto Nacional de Geografía e Informática (INEGI), el 7% de nuestra gente vive con menos de $ 3 000 al mes, la cuarta parte con menos de $ 7 000 y más del 60% con menos de $ 12 000. ¿Cómo podemos tener un mercado interno pujante, formado por gente con posibilidades de mejorar su nivel de vida, con una población mayoritaria a la que apenas le alcanza para lo más indispensable, y tal vez ni para eso?

LA BASE DE LA PIRÁMIDE MEXICANA Y SUS INGRESOS MÁXIMOS PROMEDIO EN PESOS

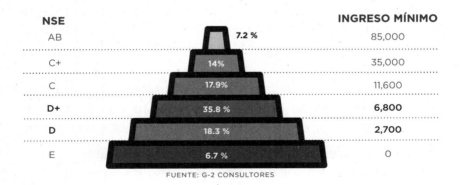

NSE	%	INGRESO MÍNIMO
AB	7.2 %	85,000
C+	14%	35,000
C	17.9%	11,600
D+	35.8 %	6,800
D	18.3 %	2,700
E	6.7 %	0

FUENTE: G-2 CONSULTORES

No nos hemos ocupado de darle alas a la gente para que vuele por sí misma. Si queremos que México crezca, tenemos que lograr que los mexicanos sean capaces de generar por sí solos lo necesario para que sus sueños se hagan realidad, a través del ejercicio de sus habilidades y creatividad. Es decir, que sean sustentables. Si se les brinda las herramientas de trabajo que les permitan mejorar sus ingresos, ese es el poder del crédito. Del crédito bien dado, del crédito que se recupera con el trabajo del acreditado. Del crédito que deja después de cada ciclo a un acreditado más grande como persona, con mayores ingresos, con mayor dignidad, con mayor brillo en sus ojos, con más esperanza.

EL QUE VIVE EN LA ESCASEZ SIEMPRE PAGA, SIEMPRE Y CUANDO LE DES UN CRÉDITO QUE PUEDA PAGAR

Mis tiempos de supervisora y de Basilea me llevaron a que adoptara la regulación bancaria como la columna vertebral de nuestra rentabilidad de largo plazo. La apuesta de capital de mis socios y la mía, el 10% de cada préstamo que damos, es dinero propio. Constituye el primer pilar, porque nos hace prudentes al decidir dónde ponemos nuestro dinero y el de nuestros depositantes e inversionistas.

También somos socios de nuestros acreditados. Les pedimos que nos digan cuánto ganan realmente con el fin de deducirles todos sus gastos y de partir de su capacidad de pago para crearles un crédito a la medida. Así, la mayoría de ellos logran capitalizarse con equipo de trabajo y han podido pagar el préstamo.

Medimos la probabilidad de incumplimiento primero con variables teóricas de las tres C del crédito que ya hemos mencionado anteriormente pero que ahora desarrollaremos:

- **Carácter del acreditado.** Evaluamos las variables típicas de su estabilidad. Por ejemplo: una persona casada tiene más puntaje que una soltera, una con casa propia más que una que renta. Vamos a su casa, conocemos a su familia, lo vemos a los ojos.

- *Capacidad de pago del acreditado.* Conocemos sus ingresos, sus gastos y el remanente que tendrán para podernos pagar una vez utilizado el capital de trabajo con el que los dotamos.
- *Colateral.* Es el activo que se ofrece en garantía del crédito. Por ejemplo, el vehículo de transporte público para el cual le otorgamos el crédito.

Tenemos ya suficientes años y observaciones estadísticas para ir calibrando cuáles son las variables que realmente están asociadas a la probabilidad de que un acreditado no nos cumpla. Ya vamos en la tercera revisión de nuestro modelo. Últimamente estamos empezando a migrar a modelos que utilizan todo el espectro conductual del acreditado. Por ejemplo, lo hacemos a través del análisis de su comportamiento en el uso de su celular: qué sitios visita, sus redes sociales, etc. Sin embargo, he de decir que mi intuición nacida de mi experiencia me dice que tanto los modelos tradicionales de *scoring* que le dan a cada variable demográfica y socioeconómica una puntuación asociada a su probabilidad de incumplimiento a partir de pruebas estadísticas, así como los modelos más modernos que supuestamente nos harán la vida más fácil, pueden resultar redundantes para los créditos que proveen de activos para la base de la pirámide. En su vasta mayoría, en mi experiencia, reciben un crédito con la garantía del instrumento de trabajo que compran con el crédito como verdaderamente la oportunidad de su vida para crecer su ingreso y como individuos, empresarios. Es nuevamente el poder de la escasez el que los hace ser más responsables. En consecuencia, creo que no es tan necesario apoyarnos en modelos sofisticados. Todos querrán pagarnos un crédito, principalmente si se trata para hacerse de un activo. Su palabra, avalada por la necesidad del instrumento de trabajo que tanto valoran, basta.

Una vez vi entrar a nuestras oficinas a uno de nuestros acreditados con los golpes frescos de un asalto en el que los estúpidos ladrones le robaron la camioneta que le habíamos financiado un tiempo atrás a cambio de unos pesos que les dan los deshuesadores de carros para vender sus partes en el mercado clandestino. Su camioneta nueva, esa por la que había traído a su esposa e hijos para festejar con ellos cuando se la entregamos. «Quiero otra —dijo insistente— ¿Cómo le hago para que me den otra, por favor?» Por esta gente yo voy a cualquier lado.

El problema de nuestra base de la pirámide no es, pues, que no sean responsables en la administración de los activos que se les otorgan. La falta de nociones financieras es un lugar común, aunque conocen sus números mejor que nosotros mismos, y el margen de equivocarse con números chiquitos puede significar casi la vida o la muerte. Así que he aprendido que la sofisticación de Basilea para administrar los riesgos de Finsustenta tiene que estar acompañada de la educación financiera para nuestros acreditados, como elemento de administración de riesgos de la financiera misma. Les brindamos orientación respecto a cuestiones administrativas para que mejoren la operación de sus negocios y, en consecuencia, puedan prever el pago del crédito. Entonces el camino se vuelve más verde, más enriquecedor, de mayor legado.

#CONSEJO:

Toma un curso de análisis financiero. No te escudes en que tú eres el creativo y los creativos no tienen que saber de finanzas. Tienes que entender los números de tu empresa, no solamente contratar a alguien que los lleve. Si no entiendes tus números no entiendes tu empresa y nunca tendrás éxito.

EL RIESGO DE LA INNOVACIÓN CONSTANTE

La innovación puede entenderse como la serie de transformaciones que debe sufrir un producto para hacer el *fit* perfecto para el segmento que está dispuesto a pagar por consumirlo, pero también consiste en continuar evolucionándolo de acuerdo con los cambios en las preferencias del consumidor. En una empresa que está innovando de manera constante el riesgo operacional se multiplica porque hay que estar diseñando procesos diariamente que soporten la innovación, reinventando su control interno todos los días.

Tal es el caso de Financiera Sustentable, que necesariamente tiene que abrir brechas de mercado todos los días. Tenemos que desarrollar la inclusión financiera diseñando nuevos productos de crédito y ahorro que realmente sean útiles para nuestros clientes, iterar un producto hasta que quede casi perfecto para poder masificarse y escalar en un segmento de mercado implica un proceso de innovación diaria. Nuestro pivote de innovación es la unidad de atención a clientes, que diariamente recibe quejas o requerimientos o necesidades de nuestros clientes. Cada grupo de necesidades o requerimientos genera una reunión de la unidad de innovación, representada por mí, que propone la mejora del producto a un comité. Es un proceso constante. Otra fuente de innovación viene del mercado mismo que ya nos conoce, y nos pide que diseñemos tal o cual producto para cubrir tal o cual necesidad.

En instituciones donde innovamos todos los días al estilo Basilea se vuelve más complejo en lo que corresponde al riesgo operacional. Y es que Basilea pone en el centro del salón al control interno, junto con el uso del capital, como la esencia de la extensión de nosotros mismos hacia la actividad en la que nos desarrollamos profesionalmente. En bancos tradicionales —y en general, cualquier empresa ya consolidada— el control interno se plasma para cada producto en manuales que, si bien se revisan constantemente, ya es poco lo que les tienen que ir perfeccionando. Pero el control interno en una empresa que innova todos los días es un pájaro que no ha encontrado su nido final. Por tanto, el riesgo de perder dinero en la tarea diaria es mayor. Es vivir en el peligro, en el sobresalto de la pérdida.

Para contrarrestar este paradigma, a falta de manuales definitivos, lo he resuelto a través del entrenamiento de mis colaboradores en la nariz del riesgo, en el olfato de dónde podemos perder dinero si no hacemos las cosas de determinada manera. Les he transmitido mi propio olfato, el que me dejó Basilea. Día a día plasmamos en nuestros manuales en construcción qué nos funcionó al realizar una tarea.

En Toyota, una empresa que hizo nombre por su capacidad de innovación, cada operador instalado en la banda de producción podía apretar un botón para detenerla si notaba que su tarea podría resultar en un producto defectuoso por alguna razón. Hacen *team back* con sus colegas involucrados para cambiar el proceso que corrige el problema y plasmarlo en su manual. No era necesario plantearlo al alto mando. Tan sencillo como eso.

Con todo, el reto es mayúsculo. Implica formar líderes que en su quehacer diario tomen la decisión de cambiar un proceso a favor de la organización y de ensayarlo una y otra vez cual cincel de escultor. Pero también, al hacerlo, puedo ver cómo mis colaboradores se han enganchado en su quehacer porque han encontrado la definición ampliada del concepto de trabajo: resolver obstáculos ejerciendo la creatividad y crecer como personas en el proceso.

LA FUERZA DE LA CRÍTICA

De mi experiencia de mis épocas de manejo de la crisis bancaria ha salido mi esfuerzo de dotar a Financiera Sustentable de un gobierno corporativo donde los consejeros son mis jefes, porque son accionistas y están cuidando su dinero, al igual que yo. Además, los consejeros independientes al ser autónomos tienen la objetividad para opinar con base en su experiencia sobre la marcha del negocio.

Nadie de los que me observan reportando a mi consejo entiende por qué yo me pongo la soga al cuello en cada sesión. Expongo y pregunto, incitando a la crítica. Al principio reportaba a mi consejo de corridito, esperando que no me preguntaran nada y resultó una bomba de tiempo, porque varias sesiones de no entender nada terminaron en una confusión, un nudo, que tomó horas y horas de exposición y trabajo para desatar. Ahora lo que me preocupa es que entiendan los problemas que les planteo y me ayuden a resolverlos. Mis consejeros me reprenden, me cuestionan, no entienden. Pero hago a un lado mi miedo al regaño y a sentirme vulnerable, más vale un rato colorada que cientos descolorida. Y en el proceso de explicarles entiendo cada vez más lo que estoy haciendo. Termino exhausta, pero ¡ay! ¡qué fortalecida! y agradecida por su participación. Y es que, para un director general responsable, la crítica de los consejeros es básica. Muchos ojos ven más, y hacen a la empresa mucho más viable. Un buen consejo, sí, es un golpe al ego de un director general, pero es una de las pocas garantías de empoderarlo con las múltiples opiniones responsables de sus consejeros.

Lo mismo me sucede con las visitas de la Comisión Nacional Bancaria, que al final de cuentas es mi supervisor último y responsable de que yo esté haciendo bien la *chamba*, porque representa nada menos y nada más que a mis depositantes. Recibo a mis supervisores sin temor con los libros abiertos, cual niño que enseña a su maestro sus cuadernos de tarea. Recibo sus observaciones con humildad y ganas de aprender para ver dónde me estoy equivocando. Les rebato donde no creo que tengan la razón, pero siempre estoy dispuesta a entender su punto de vista. El manejo del dinero de inversionistas y depositantes me obliga a ser cada día más transparente con ellos para que también me indiquen dónde puedo estar incurriendo en riesgos no deseados.

#CONSEJO:

La crítica incomoda, duele, golpea nuestro ego y también salva. Conviértete en un experto en el arte de escuchar y haz de la crítica un hábito. Es el mejor blindaje para tu proyecto.

Gracias a mis fracasos anteriores me he rodeado de socios de todas mis confianzas; primero mi hermano, después accionistas fundadores cuya probidad, afecto y confianza hacia mí han trascendido durante tantos años que tengo de conocerlos. He resistido la tentación de recibir capital de socios que han querido fortalecer Financiera Sustentable sin antes conocerlos bien. Todos critican bien, todos apoyan bien, siempre desde un lugar común desde donde todos remamos en la misma dirección y con los mismos remos, que es velar por la rentabilidad y sustentabilidad. En mis rondas de capital siempre busco *capital inteligente*, aquél que proviene de gente e instituciones que adoptan un enfoque proactivo de meterse a las tripas de Financiera Sustentable para ayudarla a crecer más y de mejor manera.

Además, vigilo atentamente el riesgo de mercado, pues podríamos tener problemas de descalce entre los plazos a los que tomo las inversiones y aquéllos a los que damos nuestros créditos. El riesgo de liquidez, de no poder cubrir estos descalces, me baila en mis noches de insomnio entre ecuaciones inventadas en la obscuridad para entender la probabilidad de que un inversionista renueve o no su inversión con nosotros y nos pueda meter en problemas si no tenemos los colchones adecuados para pagarle en caso de quererse ir.

Para prevenir ese riesgo primero hay que medirlo. La probabilidad de que un inversionista saque su dinero antes de que nosotros lo recuperemos de nuestros créditos tiene que ser modelada con observaciones estadísticas del comportamiento de nuestros ahorradores. Una vez medida esa probabilidad, la acolchonamos con liquidez inmediata y con líneas de crédito con nuestros fondeadores en caso de que necesitemos cubrir un vencimiento no anticipado.

EL SISTEMA MACRO

De mis épocas de supervisora me traje conmigo el sistema que yo misma fundé, el sistema MACRO para administrar Finsustenta de manera sistemática y clara:

- **M**anejo de fondos. Establecemos unidades de decisión por donde pasan los ingresos y los gastos, las inversiones y los créditos. De la función de ingresos establecemos otra que vigila la rentabilidad; de la de gastos establecemos un presupuesto que vigila la contraloría; de la de inversiones emana la de tesorería, la cual vigila el riesgo de liquidez, de tasas y de mercado, derivados de cambios en las tasas de interés que puedan afectar también nuestra rentabilidad; de la función de crédito emana la aprobación de nuestros créditos.

- **A**decuación de capital. Levantar capital es una tarea que lleva muchos meses y no podemos crecer sin capital, así que hay que estar listos. Tenemos que realizar periódicamente proyecciones de cuántos préstamos vamos a dar en el futuro para asegurarnos de que tendremos los 10 centavos promedio por cada peso de préstamo que demos. Igualmente, debemos respaldar nuestros riesgos operacionales, por lo que vigilamos constantemente nuestro control interno. Además, tenemos que establecer límites claros a los desfases de vencimientos entre nuestras inversiones y nuestros créditos para que no consuman capital.
- **C**alidad de los activos. Debemos asegurar una cartera crediticia de calidad. Es decir, una cartera con acreditados cuya probabilidad de incumplir en promedio no rebase el 1%. Ese porcentaje por supuesto es un objetivo porque a ciencia cierta es difícil establecer qué características de acreditados producen una probabilidad así en caso de fallarnos en sus pagos. Por eso constantemente tenemos que estar calibrando nuestros modelos para encontrar la correlación entre las características de los acreditados y aquéllos que han fallado.
- **R**entabilidad del sistema MACRO. En mi caso, esa R ha sido como perseguir al santo grial. Las empresas, incluidos los bancos, saben que al principio tienen que pasar por años de pérdidas derivadas de costos de operación necesarios para producir sus productos. Sólo el volumen de ventas los lleva al equilibrio y a la rentabilidad. En consecuencia, durante ese periodo de pérdidas, tienen que irse cubriendo con capital. Hay casos excepcionales como el de Amazon, que

perdió dinero durante 14 años buscando volumen y escalabilidad, y a pesar de ello muchos inversionistas siguieron invirtiendo. Por eso siempre les digo a los emprendedores que tienen que empezar con el sigilo de un aprendiz de domador de serpientes que entra por primera vez a un cuarto lleno de ellas.

- **Organización de la empresa.** He aprendido que no hay formatos de organización que le vengan a todos. La de Finsustenta ha salido de nuestro plan de negocios. Nuestra estrategia. Nuestra misión y visión. En nuestro caso, somos una empresa que genera valor a sus clientes ofreciéndoles créditos a la medida y a los mejores precios (tasas), y a sus ahorradores les genera valor pagándoles las mejores tasas por sus ahorros. En consecuencia, la administración de riesgos, de costos y la eficiencia e innovación son nuestras principales funciones. De ahí hemos asignado estas funciones a individuos, creando la estructura organizacional ideal. Después hemos puesto los andamios y las tuberías que conectan una función con otra, una persona con otra; es decir, el diseño de todos los procesos de todo el negocio. Y estos procesos deben reflejar dos pilares de atención: eficiencia y seguridad. Deben generar la tarea en el menor tiempo posible y deben ser seguros para que no perdamos dinero por riesgo operacional. Aquí es donde debemos avizorar las tecnologías en el firmamento, ver cómo vienen y evaluar cuáles pueden producir esa eficiencia. Creamos indicadores de gestión para promover la rendición de cuentas. Por ejemplo, yo estoy encargada de la innovación y me miden por el número de clientes adquiridos por unidad de tiempo; es decir, por nuestra capacidad de escalar.

Al final del día (porque esto es una tarea diaria) tenemos que asegurarnos de que existen tuberías de comunicación entre áreas, que quede claro qué debe hacer cada quien, que todos estén alineados con lo que debe hacer en el puesto correcto y que les guste y quieran llevarlo a cabo lo mejor posible. También es muy importante que haya rendición de cuentas, porque el «a mí no me toca» es un demonio que nos asecha todos los días.

El modelo de negocio genera metas de crecimiento de menor a mayor plazo; es decir, dónde vemos a Finsustenta a 10 años y, para llegar ahí, cualitativa y cuantitativamente, dónde deberíamos estar en 5 años y en 1 año. Idealmente busco que los procesos mismos generen los resultados necesarios para cumplir objetivos que deben revisarse mes con mes con respecto de las metas anuales y quinquenales. Es como un perro persiguiéndose la cola. Metas para generar procesos. Procesos para cumplir metas. Calibrar al menos una vez al mes objetivos y analizar nuestro proceso de planeación: ¿nos acercamos a lo que predecimos?, ¿qué falló?, ¿qué hay que corregir?

Por supuesto la varianza entre las metas que nos proponemos y lo que logramos siempre va a existir. Porque la vida no es lineal. Porque la vida, afortunadamente, no es predecible. Si no existiera la incertidumbre los seres humanos seríamos robots aburridos.

El reto más importante del emprendedor es la aplicación del modelo MACRO: cómo maneja sus fondos prudentemente para que le alcancen para los gastos, inventario, endeudamientos, capital; cómo aporta él mismo su capital, ya sea en forma de su propio tiempo o capital humano, o utilidades retenidas que deja en su balance para alinear incentivos entre él y sus fondeadores: cómo produce una calidad impecable de activos y cómo la vigila para garantizar la permanencia a largo plazo de la empresa; cómo maneja la rentabilidad y si la evalúa a partir de una estricta planeación de costos e ingresos; y finalmente cómo gestiona su propia organización interna, comenzando con la suya, de sus tiempos y tareas necesarias para lograr sus objetivos.

LIMPIAR EL AIRE DE LA CDMX

A partir de mi propia historia fundé mi empresa alrededor del concepto de la sustentabilidad. Ser sustentable como individuo significa construir los cimientos, ligamentos, estructura emocional y física, y entorno para transitar por la vida creándonos y creando a nuestro alrededor. Exactamente lo mismo aplica para las empresas. En la cadena expansiva del concepto, las empresas sustentables construimos sociedades sustentables.

De mi historia he aprendido que la sustentabilidad se logra de adentro hacia afuera, de un primer paso, chiquito, que se ensaya una y otra vez hasta que aprendemos a darlo para lograr el siguiente grupo de pasos un poco con más rapidez, con más control, hasta llegar sucesivamente a una carrera controlada. Porque bancarizar no se trata de acercarles sucursales o los servicios financieros existentes a los que no tienen acceso a éstos. Es presentar lo que el cliente necesita. Es hacer mercado. Y eso significa muchas cosas. Entre ellas, innovar. Es formular una hipótesis de lo que quiere la gente, y probarla una y otra vez hasta que salga.

Para Financiera Sustentable significa apoyar, en este primer segmento de atención, a microempresarios del transporte público para que sean sustentables con unidades modernas y seguras que mejoren sus ingresos y que utilicen combustibles que contaminen menos, para contribuir a la sostenibilidad del medio ambiente. El primer sector que escogí fue el financiamiento a la renovación del parque vehicular de transporte público, un hueso que ha resultado bien duro de roer.

La hipótesis con la que inicié fue que los transportistas públicos tienen muy pocas oportunidades de mejorar su servicio a través de la adquisición de unidades más modernas, porque están sujetos a control del precio del pasaje que limita sus ingresos, lo que, a su vez, limita su acceso al crédito, el cual podría ser el detonador de su crecimiento como empresarios y como líderes de sus familias. Descubrí que si lograba abaratar significativamente el precio de su principal insumo, la gasolina, con el ahorro que supondría podrían completar sus ingresos para ser sujetos de crédito. En mi experimento anterior como empresaria, ya había logrado financiar conversiones de transporte público a gas natural que abarataran el precio de los insumos. Esta vez lo apliqué para vehículos nuevos.

Empecé tocando de puerta en puerta, vehículo por vehículo. Ratifiqué mi compromiso y empatía con las familias que conforman la mayoría de nuestra población, personas luchonas, que no se amilanan, que no se cansan, que apostaron conmigo por un futuro mejor. Mi comité de crédito ambulante —yo y mi computadora— iba de casa en casa autorizándoles créditos ante familias completas atónitas: «¿Es neta que usted me va a dar el crédito?», me decían ellos, generalmente respaldados por las esposas y los hijos presentes durante mis visitas. Mi hipótesis fue su hipótesis, y para sellar su confianza en mi producto, me soltaban los enganches en billetes de baja denominación, sacados de debajo de sus colchones. Así completé la primera ronda de 50 vehículos, con el apoyo nada más de Jorge García, mi director de crédito, con quien fuimos dándole forma al producto conforme íbamos conociendo el sector. Esa primera ronda nos permitió probar y corregir la hipótesis de cuál era el producto ideal. Para la siguiente ronda, nos dimos cuenta de que no podríamos crecer si no integrábamos estaciones de servicio de gas natural para que los conductores pudieran cargar su combustible. Así, nos dimos a la tarea de iniciar un negocio complementario. Concluimos esta ronda de prueba de nuestro producto, y nos dimos cuenta de que tanto los conductores como Financiera

Sustentable perdían mucho dinero por la cantidad de robos que sufrían las camionetas. No había empresa de GPS satelital que pudiera darnos el servicio adecuado, de manera que camioneta que nos intentaban robar, camioneta que nos robaban. Así, en el tercer intento, creamos nuestra propia agencia de vigilancia satelital, lo que logró bajar la tasa de robo del 100% al 2%. Esto, a su vez, ha abaratado el costo de las primas de seguro por robo, en beneficio de nuestros acreditados.

Para la cuarta ronda, nos dimos cuenta de que los talleres que nos instalaban los equipos de conversión a gas natural de los vehículos no daban buen servicio a nuestros acreditados, quienes lo usaban como pretexto para no pagarnos. La solución fue crear nuestros propios talleres.

Para la quinta ronda el Banco Interamericano de Desarrollo nos eligió para su programa de emisión de su primer bono verde, porque, además de que nos estábamos ya convirtiendo en agente de desarrollo económico al aumentar el capital e ingresos de nuestros acreditados, el CO_2 que emite el gas natural es 70% menor que el que emite la gasolina. Estamos, pues, limpiando el aire de México.

La sexta nos mostró la necesidad de trabajar mano a mano con el gobierno. Somos la única financiera que les está ayudando a modernizar el parque vehicular, pero el emplazamiento de las unidades no es cosa rápida. Así que nos acercamos con las autoridades para desarrollar una alianza. Si un transportista les presenta un convenio de modernización de todo su parque vehicular, ellos no sólo les agilizarían los trámites, sino los dejaría circular con una licencia provisional, mientras Financiera Sustentable les entrega su unidad en un plazo prestablecido. Esta facilidad ha hecho que la demanda por vehículos se nos multiplique por mucho. Es indispensable contar con la sociedad y con el gobierno en cualquier plan de negocios.

Tenemos 5 000 unidades rodando. Solamente en el área metropolitana del Valle de México hay una demanda de casi 300 000 entre microbuses, vagonetas y taxis. Mientras no logremos modelos de urbanización más compactos y descentralización regional, el número seguirá creciendo. Porque la Ciudad de México continúa siendo el principal creador de empleos del país y no existe un modelo de urbanización.

El patrón de urbanización se replica a sí mismo desde hace cientos de años. La pobreza de los estados del sur expulsa a sus jóvenes a la ciudad a buscar su primer empleo. Incluso existen organizaciones que lucran con este fenómeno, política y económicamente. Localizan terrenos circundantes a la ciudad de México (2 hectáreas, por ejemplo) y organizan las olas migratorias: a través de sus brazos regionales *llaman* a todo aquel que quiera un pedacito de tierra (50-100 metros cuadrados por familia) y se los *venden* a crédito con la condición de que los habiten inmediatamente. Así nacen las manchas urbanas de lámina y cartón que vemos, cada vez más alejadas de la ciudad, a donde llegan los jóvenes de nuestros estados del sur con sueños de un empleo mejor remunerado.

La mayoría trae bajo el brazo saber conducir, por lo que uno de los principales empleos informales que consiguen es contratarse como choferes de transporte público por un sueldo promedio de $8 000 mensuales. Además, esta generación de empleo es sustentable en el sentido de que son precisamente estas olas migratorias las primeras en necesitar ser transportadas al centro de la mancha urbana para ir a la escuela y trabajar como empleados domésticos, albañiles, cargadores o personal de limpieza.

Así, la Ciudad de México crece en círculos excéntricos. Es un corazón de vidas humanas que por las mañanas se contrae cual sístole, atrayendo al centro a toda la masa humana que viene en transporte público de la periferia a los Centros de Transferencia Modal (Cetram), desde donde se dispersan por medios masivos, como el metro. Por las noches ese mismo corazón se relaja para *soltar* a la masa humana a sus hogares, cada vez más lejanos de su trabajo, a descansar cada vez menos horas. Un trabajador pierde en promedio 2 horas al transportarse de su casa a su trabajo y viceversa, por lo que, si le añadimos las 8 horas de trabajo diario, tendrá solamente 12 horas para descansar, hacer ejercicio, dedicarle tiempo a su familia, hacer tareas hogareñas y descansar cada vez menos.

Esas manchas humanas que se van asentando alrededor de la urbe después necesitan pavimentación, alumbrado, agua. Todo sin planeación. Sus calles son cada vez más culebreadas, empinadas y estrechas, por lo que necesitan medios de transporte cada vez más pequeños. Así, crece la necesidad del transporte público y con ella la necesidad de escalar de Finsustenta, para convertirse en una obligación social.

LA CASA DIGNA

Nuestro segundo producto es una casa digna para la base de la pirámide; se nos ocurrió a Tatiana Bilbao y a mí. Ale Cullen, otra amazona en mi vida, me había escuchado quejarme de la calidad, precio y áreas reducidas de las casas ofrecidas por las viviendas, así que me presentó a Tatiana, una maravilla de emprendedora social del sector construcción. Partimos hace más de tres años de una encuesta que buscaba identificar lo que significa una vivienda para la gente y encontramos que todos, incluso los que no tienen recursos, sueñan con una casa digna, como la vida a la que aspiramos. No quieren que les dejen varillas en la azotea para seguir creciendo, que transitoriamente se convierten en tendederos de ropa. Aprecian los espacios sociales para reunirse en familia y con amigos: estancias amplias para las familias urbanas y cocinas amplias para las rurales.

No nos debió haber sorprendido que nuestra gente, por pocos o muchos ingresos que genere, tiene derecho a querer una casa digna. Mientras más lejos están de sus posibilidades, las distancias de sus sueños tienen mayores dimensiones. Trabajan de sol a sol para reducirlas, aunque la misma estructura piramidal los limita.

Tatiana diseñó una casa que ya tuviera fachadas terminadas, dejando los espacios para expansión futura en forma de terrazas verdes y techos de doble altura. Fue un éxito total en nuestro primer pivoteo con consumidores potenciales.

El problema era el costo. Así que buscamos el apoyo de la Conavi (Comisión Nacional de Vivienda) que subsidia este tipo de viviendas, sólo para terminar los trámites con el cambio de sexenio y enterarnos que la elegibilidad de clientes para subsidio se había reducido grandemente.

Tocaba disminuir costos. Con la ayuda de unos ingenieros que conocí en Shark Tank nos dimos a la tarea de *inventar* un ladrillo muy peculiar, de un concreto muy liviano y más barato para que sea muy fácil para los clientes ensamblar sus propias casas, lo que reduce los gastos en un 40%.

Actualmente estamos produciendo nuestra primera ronda. Quien sabe cuántas nos llevará tener el producto terminado.

UN AHORRO PARA EL COLCHÓN

Hasta hace un par de años habíamos crecido nuestro crédito a los microempresarios con ayuda de fondos institucionales, principalmente de otros bancos intermediarios que han creído en nosotros. Nuestro siguiente nivel de fondeo ahora es el de los individuos, las personas físicas que han logrado hacerse de un patrimonio y están posponiendo su consumo bajo una tasa de interés digna. Sin embargo, los clientes no bancarizados no ahorran en el sector formal porque ¡no hay productos de ahorro y transaccionalidad para ellos! El efectivo con todos sus peligros y costos reina en este segmento.

SEGÚN LA ENCUESTA NACIONAL DE INCLUSIÓN FINANCIERA (ENIF)

30 MILLONES

DE **MEXICANOS** ECONÓMICAMENTE ACTIVOS **NUNCA HAN TENIDO UNA TARJETA**

EL **90%**
REALIZA
SUS **COMPRAS**
EN **EFECTIVO**

EL **56%**
NO TIENE UNA
TARJETA DE
NINGÚN TIPO

50 %

25 %

25 %

CREE QUE **NO LE ALCANZAN SUS INGRESOS PARA TENERLA**

CREE **LOS INTERESES SON BAJOS** O **LAS COMISIONES ALTAS**

NO CONFÍA EN EL SISTEMA FINANCIERO FORMAL

DE LOS
QUE **TIENEN
TARJETA**

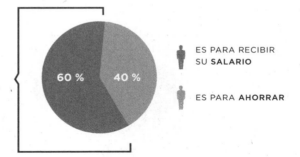

60 %

40 %

ES PARA RECIBIR
SU **SALARIO**

ES PARA **AHORRAR**

DE LAS PERSONAS CON **TARJETA DE DÉBITO**

 50% LA HAN USADO PARA REALIZAR **COMPRAS,**

 50% SOLAMENTE LAS USA PARA **RETIRAR SU NÓMINA** EN CAJEROS AUTOMÁTICOS.

60% DE LOS QUE **NO USAN LA TARJETA DE DÉBITO** PARA COMPRAS PREFIERE PAGAR EN EFECTIVO

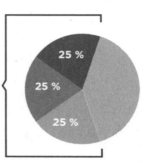

POR **COSTUMBRE**

PORQUE LE PERMITE LLEVAR UN **MEJOR CONTROL DE SUS GASTOS**

PORQUE **NO TIENE CONFIANZA EN LAS TARJETAS**

 75% DE LOS ENCUESTADOS NO SABE QUE SUS AHORROS ESTÁN PROTEGIDOS EN LOS BANCOS POR UNA ENTIDAD GUBERNAMENTAL.

EN CASO DE UNA **EMERGENCIA FINANCIERA** LAS PERSONAS DECIDEN AFRONTARLA

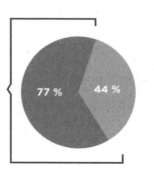

CON **PRÉSTAMOS DE AMIGOS** (LAS RESPUESTAS NO SON EXCLUYENTES)

CON SUS **AHORROS**

32% AHORRA SOLAMENTE DE **MANERA INFORMAL**

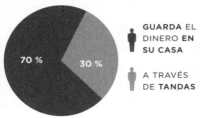

70 % 30 %

GUARDA EL DINERO **EN SU CASA**

A TRAVÉS DE **TANDAS**

EL **DESTINO DEL AHORRO** ES PARA:

40 %   20 %   10 %   30 %

GASTO CORRIENTE **FUTURO**

EMERGENCIAS

OTROS

CONSUMO FUTURO DE **BIENES**

La base de la pirámide tiene también sus ahorros debajo del colchón porque, según la encuesta, o no confía en los bancos o no los entiende o los bancos mismos no están dispuestos a perder operacionalmente mientras generan masa crítica con los centavos ahorrados por ahorrador. El reto es darles un producto de ahorro que les sirva.

Para ello hemos desarrollado una aplicación móvil como nuestro canal ideal porque la base de la pirámide ha hecho un esfuerzo por hacerse de un celular. Recordemos que es un ser social; consulta las redes sociales, chatea con sus familiares, tiene una cuenta de Facebook. Así, éste es un gran aliado para construir mercado en este sector de la población, porque a través de él será sencillo y barato captar un ahorro y más tarde dar crédito.

La banca del futuro ya está aquí, la banca de la inteligencia artificial. Necesitará únicamente conocer nuestros hábitos para saber si somos fiables como sujetos de crédito mediante la exploración de nuestros celulares. Sin embargo, también requerirá de instituciones que, como Financiera Sustentable, tengan autorización de la Secretaría de Hacienda y de la Comisión Nacional Bancaria para captar recursos del público.

El mundo está explotando con *fintechs*, empresas financieras tecnificadas, cuya propuesta de valor es reducir significativamente los costos de las transacciones financieras de pagos, crédito y ahorro. La estrategia de la mayoría de ellas es emitir tarjetas de débito con costos más baratos que los bancos, y armar récords de patrones de gastos de los consumidores para después ofrecerles otros productos, incluido el crédito y el ahorro. México es uno de los pocos países que han emitido una ley que les permita operar en el seno de la Comisión Nacional Bancaria.

Aunque nos encontramos en la segunda ronda de nuestro producto, el cual atrae ahorradores desde $5000, somos la primera financiera que puede cubrir todos los trámites regulatorios de abrir una cuenta de depósitos a distancia, a través de nuestra FinsusApp, sin necesidad de pisar nuestra sucursal. A esta población que sólo maneja efectivo, los 30 millones de mexicanos que corresponden al 30% de la población económicamente activa, le ofrecemos un producto de ahorro de acceso económico de montos reducidos de transacción a bajo costo que le permite hacer pagos entre personas y de bienes y servicios. Pueden hacer retiros en días preestablecidos para atender emergencias con tasas superiores a la inflación mientras que el dinero remanente ménsual tiene una tasa equivalente a la inflación. Asimismo, para evitar las comisiones al sacar el efectivo del cajero, los ahorradores pueden aprovechar descuentos con proveedores específicos de bienes. Por ejemplo, si una señora está ahorrando para la computadora de su hijo, le hacemos un plan de ahorros y al final queremos entregarle un vale para la tienda de computadoras más un descuento, lo cual no sólo le elimina los costos de ir a un cajero a retirar su dinero para pagar la computadora, sino además le genera un ahorro por parte del proveedor.

También estamos generando un producto que le otorga al acreditado un ahorro de un punto de la tasa de crédito que le cobramos, como nuestra contribución del ahorro para su retiro, ahorro que le pagará tasas más altas que las de las aseguradoras y las afores, para acumular más cuando se retire. Lo mismo haremos para un seguro de vida y uno de gastos médicos.

A partir de la emisión de nuestra propia aplicación móvil para el ahorro, Financiera Sustentable se convirtió en una *fintech*. Además, hemos encontrado una manera de que las *fintechs* se enchufen como intermediarios a nuestro sistema regulado para poder servir de manera más eficiente a la base de la pirámide con productos innovadores. Con ello, nuestra plataforma se ha expandido y hemos dado un salto importante en posibilidades de escalar tanto la digitalización de todos nuestros procesos, como nuestro impacto social a través de otras *fintechs*. Al permitir que otros innovadores *fintech* operen dentro de nuestro sistema, nos convertiremos en un laboratorio social de inclusión financiera. Un FintechLab.

El día que Financiera Sustentable genere de la base de la pirámide el ahorro suficiente para otorgarle créditos habremos cerrado el círculo virtuoso de la sustentabilidad, no sólo de nuestro proyecto, sino también de la gente a la que buscamos apoyar.

LA MEDALLA DE ORO

Esta gran demanda del mercado y de la humanidad nos presenta el siguiente reto: escalar nuestros productos. Pero, ¿cómo aprovechar los costos fijos que sostengan crecimientos que tripliquen nuestras ventas? A muchas empresas les ha tomado también decenas de años lograr esa escalabilidad. Porque escalar significa, en primer lugar, tener un producto terminado. Y por *terminado* quiero decir que el público quiera más, de manera masiva.

Escalar es la medalla de oro para mi alma porque finalmente puedo tener un impacto significativo en las familias, en su sustentabilidad, en sus ingresos, en su calidad de vida. El aire de México estará menos contaminado, gracias a vehículos más modernos y seguros y dignos para la gente que se transporta diariamente. Las familias pueden aspirar a una vivienda digna de acuerdo con su propia definición. Los ahorradores podrán cumplir sus sueños en un ambiente seguro. Al final de mi sueño, escalar significará incorporar a millones de acreditados y ahorradores al sector bancario que les permita cumplir sus propios sueños.

Escalar en un banco en todo el sentido de la palabra es algo que puede ser hasta contradictorio. Los controles internos no permiten pasar de un crecimiento mesurado del 80% a uno de 300% porque los procesos pueden estresarse y puede perderse mucho dinero. Afortunadamente, la banca *fintech* ha aportado herramientas que tal vez puedan representar oportunidades para llevarlo a cabo con un riesgo medido que no amenace la solvencia de las instituciones financieras. Por ejemplo, en cuanto a las herramientas necesarias para saber que estamos otorgando un buen crédito se han creado sistemas inteligentes que pretenden acortar el análisis crediticio a través de herramientas para conocer la veracidad de las declaraciones del candidato a través de los movimientos de sus ojos o la dilatación de su pupila cuando se le aplica un cuestionario sobre su capacidad de pago, lo cual ahorra horas de preguntas cruzadas que permitan determinar la consistencia de sus declaraciones en visitas a su domicilio. No obstante, aún no logran sustituir completamente los métodos tradicionales.

La posibilidad de escalar ha sido, pues, la tierra firme que el capitán avizora en el firmamento después de meses de lucha de domar las olas. Es amarrarse los tenis cuando el cuerpo está listo y entrenado para correr el maratón tras meses de preparación, o amarrárselos a todo el equipo porque si se cae uno, nos caemos todos.

Escalar ha sido un proceso en sí en el que ya estamos metidos y no hay marcha atrás. Ahora debemos aplicar todo lo que hemos aprendido para decidir qué procesos se quedan y cuáles sobran, qué tecnología nos permitirá llegar al mercado que se comerá a bocanadas los productos que hemos creado durante 5 años. Asimismo, todos los colaboradores debemos remar con la misma pasión, el mismo sentido, la misma coincidencia en nuestras vidas de querer llegar al mismo lugar, por lo que estoy atenta a que la pasión y la responsabilidad con que otorgué mis primeros créditos sea transmitida a todos ellos.

Para escalar, las organizaciones deben bajar a la cotidianeidad y verse a los ojos con el mismo brillo, la misma sonrisa, el mismo orgullo de que cada persona brinda su creatividad y su talento, lo mejor de sí misma. Es en esa tarea donde los líderes de nuestras organizaciones debemos ejercer el liderazgo desde nuestra propia experiencia, porque al final de cuentas es nuestra esencia humana la que nos identifica y nos cohesiona.

En mi caso, he iniciado conversaciones con mi grupo directivo desde mi pasión, para conocer la de cada uno de ellos. Hemos contratado a Imago, dirigida por Isabel, una compañía que se dedica a empoderar empresas sociales y darles alas para que vuelen por sí mismas. Nos ha enseñado que la textura de esas alas es una urdimbre entre el tejido humano, el tecnológico y el organizacional, donde el primero es el principal. He aprendido que las tensiones de las organizaciones provienen principalmente de las tensiones que necesariamente cada ser humano experimenta en el quehacer de la vida. Es decir, nuestras frustraciones individuales al desempeñar nuestras tareas, nuestros imbricados temores nacidos desde la manera en que fuimos educados en nuestras casas, nuestros valores que casi nunca coinciden con los que queremos imprimir en nuestra organización. Debemos entonces preparar la batuta para dar el do final colectivo que se prolongará y reinventará a lo largo del camino del escalamiento que logramos.

De mi experiencia en Banorte y en los otros negocios que fundé aprendí que para abrir brecha y tener impacto en el mundo de la bancarización innovadora, hay que aprender a tomar el primer trago varias veces, hasta que puedes dar grandes tragos para tener impacto, sector por sector. Escalar sector por sector.

En México existen más de 5 millones de pequeñas y medianas empresas que necesitan capital de trabajo para crecer. En mi emprendimiento anterior traté de abordarlas como si fueran de la misma naturaleza, como si el productor de zapatos tuviera los mismos parámetros de riesgo e ingreso que el agricultor, o el impresor, o el changarro de la esquina. Aprendí que hay que comerse a las PYMES un bocado a la vez, y al manejar con cierto grado de maestría un sector, poder escalar y tener impacto social en él. No se pueden escalar todos los productos a los que nos queremos dedicar. Cada uno abre la puerta a un legado mayor.

TIEMPO *KAIRÓS*

«Ay, hijita —me dijo mi mamá un día—, ¿cuándo será que vas a sentar cabeza, que te vas a enamorar?». Estaba papá escuchando y él mismo le contestó: «Patricia se va a enamorar en tiempo *kairós*, cuando se enamore». A diferencia del tiempo *cronos*, el que se rige por un orden secuencial y con el que vinculamos prácticamente todo, el *kairós* se alude al momento adecuado, oportuno, un tiempo indeterminado.

Últimamente, los sistemas de inversión y crédito para nuestro crecimiento consideran este tipo de tiempo. El capital invertido en nuestras empresas cada vez es más paciente y nos deja retornarlo cuando sea el momento. Los créditos se otorgan en un esquema de compartición de ingresos, en lugar de tasas y tiempos rígidos de repago.

Para Finsustenta la tarea de impulsar la inclusión financiera continuará por el lado del crédito, buscando llegar a cada segmento de las pymes. Nuestra experiencia en el transporte público nos dice que tardaremos cinco años para llegar al umbral de escalamiento, pero no somos lineales, así que quién sabe en cuánto tiempo nos tome. En mi experiencia el tiempo que nos lleve terminar un producto es del que hablaba mi papá; los proyectos se realizan en tiempo *kairós*, el tiempo que te toma llegar, que no es numérico. Se escala a la cima en tiempo *kairós*. El que lo tenga medido es un ingenuo.

He conocido también este tiempo en mi velero, cuando apunto a una dirección a la que quiero llegar, pero las viscisitudes del viento no me permiten estimar a qué hora llegaré. Y lo disfruto aun más, sabiendo que estoy en el cronómetro del tiempo perfecto.

#CONSEJO:

Cuando estés en la base evaluando tu escalamiento, no cometas el error de predecir a qué tiempo llegarás. Simplemente ármate de toda tu pasión, control interno, y disfruta el tiempo *kairós* al que llegarás.

DEDICO ESTE CAPÍTULO A

TODOS LOS MENTORES

Y MENTORAS DE MI VIDA.

EL PODER
DE LA MENTORÍA

CAPÍTULO 8

«SI HE PODIDO VER MÁS ALLÁ ES PARÁNDOME EN LOS HOMBROS DE GIGANTES.»

ISAAC NEWTON

Cuando corrí mi primer maratón Cheli iba a mi lado. No solamente era más resistente que yo, sino que había entrenado más. Sabía mucho más sobre la cantidad de imprevistos que se presentan en una carrera larga. Iba siempre a mi lado, volteándome a ver con el rabillo del ojo para conocer mi estado, mi nivel de cansancio. Cuando íbamos a rebasar se adelantaba para apoyarme y que el rebase fuera a mi paso. Cuando llegábamos a la meta el triunfo de Cheli era triunfo y medio de la felicidad de que yo hubiera terminado. Ella fue mi mentora de maratones.

De manera similar, no debemos subir ninguna cuesta de emprendimiento sin un mentor a nuestro lado. Ellos son nuestros *alter egos* hacia lo que queremos ser, son nuestros héroes. En mi caso, mis mentores fueron las personas a las que no podía defraudar, lo que me motivó a desarrollar habilidades y cumplir las metas, y finalmente a convertirme a mí misma en la heroína de mi propia historia.

ALTAS EXPECTATIVAS

Mi papá fue de esos que, a falta de recursos económicos, se dedicó a descubrir y potenciar los atributos con los que cada uno de sus 7 hijos nacimos. Un papá muy papá, que marcaba rumbo a través de su amor condicionado a nuestros triunfos. Se dedicaba a recordarme lo que esperaba de mí, de los grandes logros que yo era capaz de realizar y, bueno, yo no podía defraudarlo.

De él heredamos la conciencia social que tenemos todos mis hermanos y yo, pues nos llevaba al rancho a convivir con las familias rurales que lo apoyaban. Él los socorría cuando caían enfermos y adoptaba por la vía de padrinazgos de bautizos a todos los hijos de sus ayudantes. Su ejemplo me hizo conectar con mi deseo de ayudar a la gente que sufre carencias tan primarias como no tener para comer, para educar a sus hijos, para atender una enfermedad. De él también heredamos el poder de nuestra palabra a cumplir.

Para él las malas calificaciones significaban el distanciamiento y el castigo inmenso de su indiferencia, suspendía su amorosa y diaria mentoría. Me costaba días enteros de tocar su puerta pidiendo otra oportunidad. Complacerlo significó la necesidad de ir adquiriendo el hábito y disciplina de estudio que luego se convirtió en curiosidad de conocimiento. Tantas eran mis preguntas y mis proyectos, y tantas sus expectativas, que comenzó a comprar en cómodas mensualidades las principales enciclopedias que existían en aquel entonces, mismas que me devoraba todas las tardes tendida en el suelo de su oficina, haciendo mis tareas o hurgando entre las páginas esculturas de hombres y mujeres desnudos en la sección de museos.

Cuando decidí a qué me quería dedicar, tenía sólo dos alternativas a la altura de las expectativas de mi mentor: ser santa o estudiar la carrera más difícil. Como aprendí pronto que para santa no se estudia, pues opté por lo segundo: me fui a vivir con mi otra abuela a la Ciudad de México, para estudiar Actuaría. Desafortunadamente, no contaba con los conocimientos necesarios para integrarme rápidamente a la carrera, en su mayoría de alto contenido matemático. Así que dejé de ir a clases, me iba de pinta todos los días, a mi corta edad no me era difícil sentirme atraída por parrandas con amistades peligrosas. Ahora entiendo que la falta de conocimiento provoca evasión en los seres humanos. Me sucede todos los días en la oficina: si mis colegas no entienden alguna instrucción, la evaden, por lo que tengo que estar segura de que entendieron lo que les pedí.

Habían transcurrido ya dos años con esa conducta evasiva cuando un día, regresando dizque de la universidad, me encontré con el Concilio de Trento en pleno en casa de mi abuela: mis siete tíos y mi papá sentados expresando una gravedad en sus rostros que no conocía. El hermano favorito de mi papá me acusó de que no estaba estudiando y de que me había convertido en una carga para mi abuela paterna, quien lloraba silenciosamente en un rincón. Mi papá, sin dejar la gravedad de su cara, me pidió que hiciera mis maletas para llevarme a vivir a otro lugar donde terminaría en tiempo y forma mis estudios; así que me despedí de mis tíos y de mi abuela, y nos subimos a un taxi. Él me preguntó dónde quería vivir, y le pedí hospedaje en una residencia cercana a la universidad. Ahí nos dirigimos, me inscribió, me dio un beso en la frente y se fue, pero yo no tenía idea de lo caro que era para los recursos con los que contaba mi papá.

El día siguiente fue el primero de cuatro semestres durante los cuales me dediqué a terminar la carrera en tiempo y forma, hasta con el promedio adecuado. Toda la disciplina que yo habría necesitado desde el principio me surgió con fuerza y entendí las matemáticas retando mi creencia de que no se me daban. Durante dos años no pensaba en comer, ni en dormir, ni en fiestas. Llegué a pesar 50 kilos a punta de cigarros y Coca Cola, y terminé mi último examen como el olímpico aquel que llega al estadio exhausto a prender la antorcha.

De mi mentor —¿o más bien mi modelo a seguir?— aprendí que la necesidad y el deseo nos hacen ciegos a cualquier distracción, nos agudiza los sentidos para enfocarnos en aquello que queremos lograr, nos da seguridad en nuestro poder de realización. También entendí el poder del amor combinado con la confianza —¡por supuesto que él sabía que no estaba estudiando!—. El amor genera adicción hacia la persona que lo ejerce, pero la confianza del mentor crea obligación; es la única fórmula que he encontrado efectiva para empoderar no solo a mis hijas sino a mucha gente más. Amor y confianza.

Desde que me divorcié, papá nunca volvió a aplaudirme mis acciones y tumbos de reacomodo hacia mi *yo* más fuerte, en quien me convertí después y que papá ya no vio. Creo que su viejo método de poner sus más altas expectativas en mí le hubiera seguido funcionando, pero no en su hija que se sentía fracasada y que lo último que necesitaba en ese momento era presión y objetivos altos, sino apapacho comprensión y amor. Por tanto, mis últimos encuentros con papá fueron de reproche de su parte, raro en él. Cuando escuchaba su bastón en el lobby de la casa, apresuraba mi baño o mi salida de la casa para evitar sus confrontaciones. A mis espaldas se quejaba con mis hermanos de mi evasión y falta de atención y cuidados hacia él.

Cuando llegó a Ciudad de México, amarillo con el hígado hecho pedazos a fuerza de analgésicos que le confundían hasta el horario en que había tomado el anterior, mi ineptitud de hija llegó al colmo. El liderazgo que esperaban mis hermanos que tomara en esa crisis mortal llegó apenas 24 horas antes de que partiera, mientras que 72 antes ya había empezado a delirar por la intoxicación y colapso biliar. No pude despedirme, no pude tranquilizarlo de que todo iba a estar bien con mis hermanos y conmigo. He prolongado esa despedida para siempre, con su retrato enfrente de mi cama, con el cual hablo todos los días como cuando fue mi mentor. Y lo sigue siendo: con mi papá metido en mi corazón susurrando a mi oído me contesto a mí misma todos los días el rumbo que debo tomar, lanzo la piedra de mis expectativas de mí misma inusitadamente lejos y hasta lo más alto.

Cuando a papá le agradecía lo que había hecho por mí, solía contestarme: «Yo sólo te descubrí», citando la respuesta de Miguel Ángel cuando le preguntaron cómo había hecho para esculpir a La Piedad: «La Piedad estaba ahí, adentro de la piedra. Yo sólo la descubrí». Igualmente, le he escuchado a Pedro decir: «Yo sólo me di cuenta de sus habilidades, y voló voló voló».

Mi otro mentor de esa época fue el padre Carlos, cura del pueblo y fundador de mi escuela secundaria. Él tenía dos peculiaridades: a punta de ilustrarse, su cultura era tal que parecía que había presenciado los hechos históricos que comentaba: parecía que él hubiera guiado la batuta de Beethoven en su quinta sinfonía, parecía que hubiera estado detrás de Hitler o Churchill en la Segunda Guerra Mundial. Además, era un gran orador: sus sermones de púlpito desahogaban sus ímpetus de estadista, desde donde regañaba a sus feligreses por hábitos o hechos concretos que condenaba.

Ambicioso de sí mismo, nos tenía a un puñado de nosotros bajo su tutela individualmente. De mí no toleraba una mala calificación; al igual que mi papá y en complicidad con él, me cedía sus aspiraciones más altas en lo que esperaba de mí. En mí depositó su espíritu de líder comunitario, haciéndome su vocera en los actos cívicos del pueblo donde pronunciaba yo sus discursos sobre su concepto de la vida, la trascendencia de nuestro paso por ella, nuestra obligación de dejar nuestra contribución, de realizar nuestros sueños. «Nuestras vidas son los ríos que van a dar a la mar, que es el morir», citaba a Jorge Manrique. Vivir a la altura de las expectativas de mi papá, y después del padre Carlos, fue un propulsor cotidiano y prolongado de mi vida.

EJEMPLO

Ned Phelps fue mi maestro de macroeconomía en Columbia y quizá el único que tocó mis fibras vocacionales. Él siempre ha dedicado su intelecto y sabiduría a la explicación de fenómenos sociales, como el desempleo, y la realización personal individual como la aspiración económica fundamental de los países; a diferencia de muchos economistas que se concentran en fenómenos del mercado del dinero, las divisas o el mercado internacional, por ejemplo. Cuando estudié con él, Ned estaba enfocando sus modelos a paradigmas del mercado laboral sobre cómo se comportan los trabajadores racionales en un mercado de trabajo. Cada una de sus clases era todo un acontecimiento: se subía al estrado, volteaba a ver el techo arriba de nosotros con el gis en la mano y hacía su primera hipótesis para responder aquello que seguramente se había cuestionado en la mañana o que no lo había dejado dormir, y desarrollaba un modelo completo que intentaba responder a su pregunta. Cada clase Ned escribía un *paper,* sin darse cuenta.

Muchos años más tarde, tras recibir el Premio Nobel de Economía, ahora explora a gusto las fronteras donde se tocan la Psicología, la Filosofía y la Economía. Lo he escuchado definir al trabajo como *el proceso para resolver obstáculos y crecer a través de ello.* Lo he escuchado cerrar sus conferencias, invitando a su público a saltar al abismo de lo desconocido que es la vida. A sus ochenta y tantos años, Ned sigue saltando a la vida todos los días. Su ejemplo sigue siendo fuente de inspiración para mí. Hasta la fecha Edmund Phelps escucha azorado cuando lo reconozco como mi mentor durante conferencias y tertulias que ahora compartimos como amigos.

Pedro Aspe había sido un personaje de charlas de sobremesa de familia, porque había apoyado mucho a mi hermana Beatriz en su formación universitaria en el ITAM. Después, su figura mítica creció ante mis ojos al escuchar a mis compañeros del doctorado referirse a él como: «Pedro dice esto, Pedro me pidió aquello.» Cuando me pidieron que los acompañara a acordar con él su futuro postdoctoral yo asistí a conocer al personaje que había influido tanto en la vida de mi hermana como de mis compañeros, sin expectativas de nada.

Desde que Pedro me conoció empezó a guiarme: «Vente a trabajar por Mexico, vas a hacer cosas buenas», me dijo y de ahí en adelante sus escuetas órdenes como mi jefe eran golpes de dirección en mi vida. De Pedro he aprendido muchas cosas: los cargos y responsabilidades que me asignó creyendo en mí más que yo misma me enseñaron el poder de los retos que hay que remontar en cumplimiento de una expectativa de un superior. De él heredé su inmenso y continuo e inalterable amor y compromiso por México. Durante mi época como su subordinada absorbía de él sus enseñanzas de maestro innato anécdotas que siempre elegía para ejemplificar algún principio moral de comportamiento como el patriota que siempre ha sido. Posteriormente durante mi época como su amiga y seguidora Pedro me continúa enseñando principios de ciudadano probo, pero principalmente de jefe de familia.

EQUIPO Y RIGOR

En mis épocas de reguladora, Don Roberto González (con D mayúscula) me había adoptado como su asesora, pues acababa de adquirir Banorte, junto con otros inversionistas. Don Roberto era famoso por dos cualidades: era un extraordinario amigo, pero también un jefe implacable. Creo que una de las cosas que hicieron que Banorte fuera el único banco privatizado —de los que Lopez Portilo había nacionalizado y que se volvieron a privatizar en época de Salinas— que sobrevivió a la crisis era que Don Roberto se asesoraba de todos los que él creía que sabían de algún tema que consideraba toral para su crecimiento como empresario. Él me enseñó que no importa no haber terminado más que el sexto de primaria si crees en ti mismo y te rodeas de la gente que sabe.

Lo había conocido durante mis tiempos de supervisora bancaria y buscaba mucho mis consejos para sacar al banco adelante. «¿Cómo ves el banco, doctora?», preguntaba en nuestras citas periódicas, rodeado de sus más cercanos colaboradores. Una vez saqué mi acordeón de supervisión y le dije que veía focos rojos en rentabilidad. «Don Roberto, ¿podemos explicarle a la doctora ese problema?», pidió permiso uno de sus directores y me dio la explicación más clara que haya podido escuchar de por qué aparentemente la rentabilidad del banco no parecía ser la deseada. Ahí aprendí que los servidores públicos debemos ser realmente aprendices de nuestros regulados y escucharlos para desarrollar responsablemente nuestro trabajo.

Después de salirme de la CNBV, me buscaba en mi exilio en Basilea: «¿Qué has aprendido en estos tiempos en Suiza?». Ahora sé que la grandeza de su carrera se basó en buscar a las personas que sabían de cada tema que le interesaba, y las escuchaba a pie juntillas, y seguía al pie de la letra sus consejos.

Basilea me dejó el profundo y robusto conocimiento para hacer que los bancos obtengan una rentabilidad sustentable a través del manejo de sus riesgos. Venía armada con las más modernas herramientas de administración de riesgos bancarios para garantizar el negocio bancario de largo plazo. Equipada con ese armamento cuando regresé, tuve las agallas de decirle a Don Roberto que quería dirigir su banco, uno de los más grandes del país. Con el colmillo retorcido de mi amigo y mentor que tanto extraño, disimuló su escepticismo a mi ambición, diciéndome: «Doctorcita, mejor ayúdame a dirigirlo. Ya después veremos». Así inicié mi formación como banquera al estilo de Don Roberto.

Me sorprendió, por ejemplo, el tiempo que le dedicaba a la mercadotecnia. Él tenía qué aprobar cada campaña, cada palabra, cada visual. *El banco fuerte de México* no era coincidencia. En tiempos de la crisis bancaria, le había inculcado a él que la solidez y solvencia era el ancla de la confianza de los depositantes.

También me asombraba que los números le hacían lo que el viento a Juárez. Lo que le importaba más era la calidad de la administración de su banco. Salíamos de visita sorpresa a las sucursales. «Doctora, tu encárgate de los números, yo entro a lo que importa», me decía y se metía a la cocina y a los baños de la sucursal auditada. Más de una vez salió el gerente prendido de la oreja: «Si como están los baños y el comedor, administra usted la sucursal, está despedido».

Quizá su mentoría hacia mí no necesariamente era la formación técnica, sino la humana. Se metía hasta la cocina de mis pensamientos: «A ver, doctora, acabo de mencionar a tu noviecito ese y suspiraste. ¿Qué te está pasando? ¿A poco te gana el corazón?». Nadie puede servir a muchos señores y con ese juicio fue que Don Roberto hizo el favor de despedirme, después de tres años de trabajar a su lado.

Nuestras giras por el país visitando sucursales muchas veces terminaban en un homenaje a él por parte del director regional en ciernes. Fue así como una noche, con la mirada puesta en los fuegos artificiales de la celebración del fin de la jornada en Zacatecas mientras asesoraba a Don Roberto en Banorte, mi querido mentor me dijo: «Mañana llega a la oficina el próximo Director General del Banco». Mi desilusión fue grande. No me acababa de reponer del shock de ver mi carrera truncada en Banorte, cuando un domingo me mandó llamar. «Ya recapacitó», pensé. Lo que había pasado era que le habían informado de la suma para la que alcanzaba para mi liquidación, y quería negociar que fuera a la mitad. «La liquidación es tuya, yo quiero que quedemos como amigos, pero siento que es injusto que te demos tanto dinero», dijo. Lo cierto es que la liquidación me habría caído muy bien, pero aún más me beneficiaba la mentoría y generosa y divertida amistad de Don Roberto. Así que no me arrepiento de haberle contestado: «No te preocupes, Don Rober, yo también quiero seguir disfrutando de tu amistad».

Hasta ahora me alegro de que siguiera su sugerencia: lo que siguió de mi amistad con ese ser extraordinario compensó todas las liquidaciones del mundo. Como siempre en mi vida, no le tuve miedo a la escasez económica cuando el costo era perder el beneficio de la sabiduría y cercanía moral de mi mentor.

Pocos años después, me llamó como su consejera, ya que tenía problemas con su área de auditoría. Me pidió también que le acercara bancos para fusionarlos con el suyo. Tras la única fusión que logramos juntos me compensó generosamente mi anterior liquidación.

Mi mentor más desalmado y al mismo tiempo el más amoroso me sacudió con su despido, como él esperaba. De no haberlo hecho, probablemente yo aún estaría perdida por ahí, cobijada en algún puesto en Banorte. También me contagió su gran visión en la cual no importaba cualquier pérdida, había que sacar un catalejo y ver kilómetros adelante para tomar decisiones hoy. Al hacerlo, Don Roberto me abrió las puertas de mi propio camino. Gracias, Don Rober. Hasta el cielo.

SENSIBILIDAD POR LA ESTÉTICA

A Don Fernando Hinestrosa, liberal de cepa colorada, lo conocí en Londres, cuando el partido conservador gobernaba Colombia. Cuando se convirtió en mi suegro, Papá Fer, como cariñosamente les enseñé a mis hijas a llamarlo, me enseñó a defender mis principios, a ser consistente con ellos. Siempre, siempre, habló claro y en voz alta en su curul como rector de la universidad que hubiera fundado su padre, y de quien heredó la rectoría por mérito propio a sus apenas 25 años. Sus clases de derecho civil eran el semillero ideal de formación de tantas generaciones que ahora lo reconocen. Se decía ateo por necesidad de creer en el esfuerzo humano como el solo artífice de nuestros logros. Él siempre siguió paternalmente mi desarrollo profesional, el cual alentaba amorosamente, pero quizá lo que más le agradezco de su herencia es mi gusto por el arte como un instrumento para sublimar mi espiritualidad.

Ejerció su mentoría conmigo hacia mi pasión por las artes y la música clásica, en especial la ópera, con ahínco y disciplina. Descubrió en mí una caja de resonancia de su soledad en su pasión por todo tipo de expresión artística, y me instruyó y acompañó siempre en mis propios descubrimientos. Nunca pude superar sus conocimientos de arte y música. Cuando creía que me encontraba delante de él le mandaba buscapiés de alguna obra que creía que yo había descubierto antes, y me contestaba con un tratado completo sobre mi supuesto descubrimiento, con su acostumbrada y pícara sonrisa retadora de: «Trata más, a ver si me alcanzas algún día». Persiguiendo su erudición, me mentoreó hasta el último día de su vida.

KNOW-HOW

Muchos banqueros a los que regulé y supervisé fueron mis mentores. De Roberto Hernández, bajo cuya administración Banamex se convirtió en al banco número uno en tarjeta de crédito, aprendí su fineza de análisis de cartera de consumo y también su visión. Con Ricardo Guajardo entendí que una institución financiera o un empresario tenían que considerar siempre el comportamiento de las variables macroeconómicas e internacionales para tomar decisiones de dirección empresarial. Don Francisco González me instruyó con lápiz y papel sobre cómo estructurar un negocio bancario. De Don Antonio del Valle, con D mayúscula también, aprendí de banca comercial y que no sabía nada de banca hasta que no entendiera cómo operaba realmente el negocio bancario. Adrián Sada y Pepe Madariaga me enseñaron que hay que reconocer nuestros huecos y carencias inmediatamente para no posponer una crisis mayor en nuestras vidas. Agustín Legorreta nos confesó el hueco de capital que tenía en el banco que dirigía, aun cuando sabía que hacerlo era sinónimo de perder su banco, lo que me enseñó que la verdad está por encima de cualquier cosa. Roberto Alcántara luchó por su banco hasta el final y, una vez perdido, se levantó y sigue peleando en otras dimensiones; fue un ejemplo de cómo no darse por vencido, ni en las peores caídas. Juan Guishard era la única persona a la que buscaba constantemente para escuchar sus protestas en contra de nuestras medidas que él sentía que imponíamos e iban en contra del bien privado, que a fin de cuentas era el motor de crecimiento de Mexico. De Julio Villarreal he aprendido principalmente a manejar una empresa familiar de manera profesional y ambiciosa. Más recientemente he seguido el ejemplo de Carlos Hank, quien maneja con disciplina y formación diaria las mejores técnicas financieras, pero también cultiva la mano derecha de la exigencia con la mano izquierda de afabilidad para liderar Banorte de la manera exitosa en que lo está haciendo.

EXIGENCIA

Como vicepresidenta de la Comisión Nacional Bancaria y de Valores (CNBV), me tocó ser jefa y mentora. Encontré que dicha institución tenía un corte supervisorio de registros contables; todos eran contadores preocupados principalmente por que los registros que los bancos realizaban de sus transacciones estuvieran bien hechos, para que reflejaran su verdadera situación financiera. Sin embargo, no existía el enfoque de supervisión de riesgos, en el que se asegura también que los bancos tengan implementados sistemas que les permitan prevenir, manejar y atenuar los riesgos a los que se enfrentan en su actividad como intermediarios financieros, de manera que mantengan su rentabilidad de largo plazo y el capital necesario para prevenir el riesgo moral.

Todo eso lo había aprendido en las negociaciones del TLC, y Pedro me había pedido que fuera a implementar este moderno sistema de supervisión a la Comisión, pero no había capital humano para hacerlo, así que me fui a dar clases al ITAM, para reclutar a los estudiantes más brillantes de mi clase que estuvieran dispuestos a apoyarme en mi aventura regulatoria. Los llamaban lo «niños MACRO» por su edad y porque cada uno de ellos se hizo responsable de establecer los cinco pilares de supervisión que implementamos: M = Manejo de fondos de los bancos, A = Adecuación de capital, C = Calidad de los activos, R = Rentabilidad, y O = Organización de la estructura de gestión. A su vez, fueron un nuevo semillero de la CNBV que fue ocupando puestos claves, que atrajo a otros profesionales y que se convirtió en mi apoyo incondicional en la modernización de la Comisión y en la crisis bancaria y económica más profunda de México en 1994, la cual tuvimos que resolver juntos.

Hace ya algunos años, uno de estos capitanes se encontraba ocupando mi puesto y fui a visitarlo. Con gran cariño y entusiasmo, el flamante vicepresidente me enseñó un documento que celosamente guardaba en su cajón: un encuadernado de muchas páginas que en la carátula con mi puño y letra decía: «¡Muy bien, Patricio!». Sorprendida, le pregunté por qué lo guardaba y exhibía con tanto orgullo. «Porque en todos los años que trabajé contigo fue la única vez que me felicitaste por un trabajo». Entendí que mi mentoría era a través de pura exigencia, cero reconocimiento, justo como mi papá lo hizo conmigo y Pedro y Don Roberto. Hoy en día todos, absolutamente todos mis «niños MACRO» son profesionistas exitosos y realizados, y todos agradecen mis exigencias de entonces.

La exigencia, *vis a vis* el reconocimiento, es parte fundamental en nuestra tarea de formar a las nuevas generaciones. Exigencia, ejemplo y formación guiada son los elementos que me han funcionado después, ya como empresaria y jefa. Si yo no fuera estricta conmigo misma, mis exigencias con los demás perderían justificación y legitimidad —le llaman *autoliderazgo*— y si no me encargo de formar a la gente que depende de mi liderazgo, tampoco estoy dejándoles alas para volar por sí mismos. De no ser así, mis mentorados me recordarían mis como el jefe villano que los explotó, no como cooperó en su formación; en su lugar, afortunadamente, me lo agradecen.

Mi mejor aprendizaje de mentoría lo ejerzo con mis hijas. Con mi experiencia con mis mentores aprendí la efectividad de proveerlas de alas; a acompañarlas con mis preguntas para resolver sus dudas; a proveerlas de los recursos económicos, pero principalmente emocionales, para descubrir sus fortalezas y ejercer su creatividad; a nunca tratar de controlarlas; a medir mis palabras con el conocimiento del efecto de mis juicios sobre su conducta.

EXPERIENCIA DE TIBURÓN

Hace ya cuatro años mi hija María me llamó: «Mami, me buscó una persona por Facebook que se llama Kiren Miret, que quiere platicar contigo. Es representante de un programa de televisión que se llama Shark Tank México». No entendía para qué me buscaba una persona de un programa de televisión, así que me metí a googlear el programa y encontré uno en Estados Unidos, el original en el que se inspiró el mexicano: cinco inversionistas de diversas personalidades, dos mujeres y tres hombres, entrevistaban a emprendedores, en su mayoría jóvenes, para ver si invertían en sus negocios, en su mayoría incipientes, *startups*.

Me imaginé que el nombre del programa Shark Tank se refería a tiburones capitalistas, porque hay un capitalismo rapaz que muerde a un emprendedor necesitado para quedarse con un pedazo de su empresa de manera ventajosa a cambio de su inversión. Cual depredadores marinos, los inversionistas merodean a la presa con sus análisis, miden sus fuerzas entre sí para ver quién olió más la sangre del emprendedor, se pelean por su presa. En casos de éxito, el indefenso emprendedor sale jubiloso con una tarascada de su empresa por el capital que vino a buscar pero que ha conseguido y sale con el reto de remontar la mordida, y utilizarla a su pleno favor. Sin embargo, me encontré con un programa con un noble fin didáctico.

«¿Cómo diste conmigo?», le pregunté a Kiren cuando pude verla más por curiosidad que por otra cosa. «Estábamos buscando a una mujer, que se supiera mover entre hombres, empresaria. Les pregunté a mis conocidos en Facebook y alguien me contestó: habla con la mamá de María Hinestrosa. Y aquí estoy». «Pero de esas hay muchas en México, y con muchos recursos económicos para invertir», le reproché. «Ninguna de las que hemos entrevistado quiere».

Esa fue la mordida de Kiren; yo no podía dejar un programa sin representar a las mujeres de este país. Hablé con mis socios de Financiera Sustentable y les planteé un esquema de una especie de fondo donde yo les presentaría los casos en los que había invertido en el programa, el riesgo lo compartiríamos entre todos los accionistas y nuestro beneficio sería la publicidad que lograríamos para Financiera Sustentable.

Sin embargo, más allá de los proyectos que hemos impulsado, nunca me imaginé el beneficio personal derivado del inmenso placer de apoyar a los emprendedores de este país. En cuatro temporadas he tenido el privilegio de conocer a casi 400, a través de entrevistas para conocer el semblante de sus negocios. En el programa en vivo, los emprendedores nos dan una presentación de su negocio, un *pitch*, y nos plantean el intercambio de una participación accionaria en su empresa por el capital que necesitan. Aproximadamente el 50% de los emprendedores sale victorioso con un compromiso de inversión por parte de al menos uno de nosotros o, a veces, de una aportación grupal de varios de nosotros.

La experiencia ha sido extraordinaria. He tenido la oportunidad de convivir con empresarios mexicanos exitosos de gran calibre y de quienes he aprendido muchísimo. Por un lado está Carlos Bremer, a quien ya conocía de mi época de la CNBV por ser el dueño de una exitosa casa de bolsa. Él se jacta y aporta mucho a los participantes en términos didácticos por haber empezado en negocios tan pequeños como vender billeteras con el logo de las empresas o ser guía turístico de estudiantes. Es un autodidacta en la banca y las finanzas, justo las áreas que lo llevaron al éxito. No obstante, Carlos es mucho más que eso. Creo que se encuentra en su época de filántropo, pues supongo que ya ha tenido tanto éxito económico que está compartiendo a su manera parte de los frutos. Por un lado, apoya a todo tipo de deportistas y artistas, y por otro, a través de Shark Tank se ha puesto la meta de generar 10 000 empleos directos.

Rodrigo Herrera es un ejemplo de lo que con disciplina se puede lograr. Me identifico mucho con él porque también pasó por una etapa importante de escasez y sólo la disciplina y visión lo llevaron a la plataforma de seguridad y éxito que exuda, cualidades que no relaja y que continúan siendo la columna vertebral de su vida. También para cada emprendedor elabora un consejo, un comentario constructivo y quizá es el socio más fuerte cuando da una mordida porque ya se vio con el participante en una esfera de escalabilidad de dimensiones de muchos dígitos, donde él aporta el músculo. Además, su vida empresarial es absolutamente congruente y pareja con la disciplina con que lleva para hacer ejercicio y el cuidado de su salud; es el experto más actualizado de lo que es bueno para nuestro cuerpo.

Arturo Elías es la suma de lo que quiere para las generaciones que vienen de mexicanos: empresario probo, amorosa pareja, excelente padre, sin recovecos éticos y gran líder. Sus inversiones giran alrededor de lo escalable, al igual que Rodrigo Herrera, pero no sé qué valorar más, si sus inversiones o sus consejos a los emprendedores, que con inversión o sin ella, salen siempre enriquecidos de un comentario de Arturo para su vida o para su negocio. Fue Arturo quien creyó que el programa de Shark Tank sería bueno para México y cuya visión y esfuerzo convenció al primer grupo de tiburones para traer el programa a nuestro país.

Marcus Dantus es el apóstol de los emprendedores. Es el único de nosotros que se dedica profesionalmente al emprendimiento. Conoce las entrañas del sistema de emprendedores mexicanos, tanto a muchos exitosos como a los que se han quedado en el camino, por lo que ha podido identificar factores de éxito que incluye en sus talleres y apariciones en todo tipo de foros, el ambiente necesario para salir adelante y ha creado un fondo especializado de inversión en emprendimiento. Ha logrado convertirse en un gurú del emprendimiento, con una labor social sin precedentes.

Luis Harvey aporta el realismo de lo que se necesita para llegar a hacer un gran negocio en México, desde vender un palillo hasta una aplicación móvil, porque ha estado ahí y lo ha hecho. Es el tiburón de los sin rodeos: aporta ya sea con un comentario certero, claro y a veces inmisericorde que el emprendedor se llevará prendido en la columna, o con una inversión que lo hará crecer a donde Luis sabe crecer.

Emmanuel es un empresario del arte. Conoce el medio en muchas de sus expresiones, principalmente el suyo, el de la música. Sus apreciaciones e inversiones van más allá de su especialización, porque es un ser de dimensiones humanas suaves y muy completas, derivadas de su espiritualidad, cuidado de su salud, ejercicio y sobre todo de sus satisfacciones familiares. Representa al mexicano que todos quisiéramos ser.

En mi caso no es difícil imaginar a quién apoyo. No me importa la escalabilidad, sino la oportunidad de llevar al emprendedor a una plataforma de éxito, de crecimiento personal que derive en crecimiento económico para él o ella y su familia, de trascendencia que conduzca el bienestar para otras familias, pero que también me lleve a mí y a mis socios a producir retornos favorables que compensen nuestro esfuerzo. Me concentro mucho en el *cómo*: conoce tus números, convénceme de un plan de negocios que nos lleve juntos a metas que yo me vea apoyando convencida, porque al final los socios somos eso: acompañantes de metas comunes. Involúcrame en el día a día, úsame como tu tambor de resonancia, como tu contenedor primario, en tus consejos de administración.

Una vez que la inversión ha sido comprometida comienza realmente el acuerdo más allá de la entrevista corta, del entusiasmo, del enamoramiento que los hace salir felices de que comprometimos una inversión con ellos. Cada uno de nosotros tiene un método diferente para llegar a una inversión. El mío es muy claro, sencillo, transparente, pero he de decir que para llegar a un verdadero matrimonio con un emprendedor he tratado de que el proceso realmente se asemeje a la realidad del mundo del inversionista: el camino que yo he recorrido infinidad de veces para conseguir capital para mi empresa.

Son varios ya los proyectos en los que he invertido a cambio de un porcentaje de su empresa, pero son pocos los que detrás de cámaras me confiesan para qué van a necesitar mi inversión. Curiosamente, la mentoría es ahora lo que los emprendedores de Shark Tank vienen a buscar más. Descaradamente me dicen que no saben para qué necesitan el capital que pidieron o no lo quieren, más bien buscan mi guía, que los ayude a ellos mismos a construir su camino como empresarios y a abrir mercados. En realidad, son pocos los que ya llegaron al límite de lo que pueden hacer por sí solos y realmente necesitan la inversión para seguir creciendo. Otros vienen con decenas de productos e ideas, por lo que toca aterrizarlos y enfocarlos en alguno, cuando mucho en tres.

Todas las gratificantes y enormes experiencias con mis mentores han ido dando forma a mis propias asesorías, cuando me he visto en el papel de mentora. De ellos aprendí el valor de la empatía, un valor que pude transmitir a mis hijas y mis demás mentorados. Formo un vínculo central con ellos en el proceso: trato de entenderlos, comprenderlos, respetarlos, apoyar y apalancar sus sueños; sin juicios, sin control, empoderándolos.

La mayoría reciben mi asesoría a través de la *due dilligence*, proceso de investigación de la realidad de la empresa que se realiza después de las primeras negociaciones con el fin de brindar la mayor información al inversor potencial para que pueda medir el riesgo de su aportación y conocer aquellos aspectos ocultos. Inicia con el establecimiento de su plan de negocios, el cual suele tomar varios meses, pues los emprendedores deben descubrir cómo quieren llevar su negocio al siguiente nivel: cómo quieren pivotear su producto para hacerlo escalable, con qué estrategias, con qué instrumentos.

He aprendido a aconsejar a emprendedores desde dos perspectivas. La primera es desde lo que necesitan cultivar como empresarios para atraer inversiones: transparencia en sus números, compromiso inequívoco con su empresa a largo plazo, claridad en sus metas, y sobre todo *coucheabilidad*, dejarse guiar por sus socios. La segunda dimensión es el camino que he emprendido en cada uno de mis compromisos de inversión. Cotidianamente me reúno con ellos para cuestionar sus decisiones y visión de su negocio, centrarlos, corregirlos. Todo eso termina siendo un proceso de mentoría que los va fortaleciendo como empresarios.

Sin embargo, más allá de mi enamoramiento por el producto o por el emprendedor, he de decir que es triste que estadísticamente la tercera parte de los emprendedores no están interesados en continuar con el proceso que los lleve a la inversión. La mayoría de esos casos reciben después del programa una llamada de otro inversionista que les hace una oferta más atractiva y por más que yo los llame ya no quieren proseguir o sus ventas se multiplican de tal manera que ya no me necesitan. Con todo, esa tercera parte que me dice adiós sin siquiera empezar la considero una misión cumplida porque logré que despegaran solamente al hacerles el *due dilligence* inicial que probó a otros inversionistas que el emprendimiento vale la pena.

¿Qué pasa con las otras dos terceras partes de emprendedores que lograron un compromiso de inversión de mi parte? Les leo la cartilla. En primer lugar, necesito que me prueben con números lo que me dijeron en el programa: el tamaño de su mercado, sus ventas, sus márgenes, sus gastos, sus costos, su compromiso con su proyecto (que los socios se dediquen de tiempo completo a su emprendimiento). He de decir que para el 99% de los emprendedores este es un obstáculo para seguir adelante. Es sorprendente ver lo difícil que es para un emprendedor poner su negocio en números y poner en una T qué activos posee y qué debe. De las dos terceras partes de emprendedores que han acudido a aterrizar su proyecto, la mitad de ellos no han logrado ni siquiera mostrarme los números de su negocio. Con algunos de ellos ya me he dado por vencida, a pesar de las cartas que les mando preguntándoles si siguen interesados en mi inversión —contestan que sí, pero no me dicen cuándo me traerán su tarea hecha—. Algunos, no muchos, creo que se decepcionan, pues suponen que van a ir por su cheque y se encuentran con que ese capital es resultado de un proceso. Otros se quedan hasta aquí porque una vez que me enseñan sus números no coinciden con los que me dijeron en el programa, y no es posible que la inversión comprometida pueda tener cierta rentabilidad. En segundo lugar, pido una proyección a cinco años de esos números y que me digan cómo van a crecer, por qué creen que van a llegar a esos números de crecimiento y qué estrategias van a utilizar.

De las inversiones que he comprometido realmente podría decirse que sigo trabajando en la tercera parte de ellas. Me reúno con cada emprendedor en promedio una vez al mes para ver cómo van y en qué los puedo apoyar. Me gusta pensar que algún día los veré crecer y volar como ha sido mi intención con todos. Al final de cuentas, la sensación cotidiana más retribuyente de los que emprendemos es sobre todo lo que hemos aprendido, y la excitación de lo que aún nos toca por aprender para resolver los obstáculos para llegar a donde queremos llegar.

Shark Tank me ha dado a conocer, injustamente creo yo, como una empresaria exitosa que tiene qué enseñar. Son innumerables las invitaciones que recibo para ir a hablar con los jóvenes emprendedores, principalmente a las universidades. Con ellos trato de ser aún más didáctica, trato de transmitirles lo que me ha funcionado a través de mi propia experiencia como emprendedora, y lo que veo que más necesitan y carecen los emprendedores que me ha tocado guiar a través del programa. También muchas personas han resultado interesadas en mi opinión, mi mentoría, mi inversión, desde las redes sociales y he tratado de contestarles a todos. Me conmueve observar esas mentes ávidas de conocimiento y experiencia, pero también me obliga a ser muy cuidadosa en mis palabras y enseñanzas como mentora.

NA BOLOM

Conocí a Gertrude Dubi en un acto público durante la visita de Luis Echeverría a Chiapas. Vestía un huipil celeste que hacía juego con el color de sus ojos y contrastaban con su cabello color plata sus colguijes prehispánicos y aretes y anillos estrambóticos de Taxco. «Señor presidente, tenemos que salvar la selva, arriba y adelante», terminó su discurso con su acento extranjero.

Años más tarde, en la boda del año, mi boda, que fue más un acto político que familiar porque mi papá ya estaba involucrado en ese medio, volvió a aparecer Gertrude. Me regaló un árbol que ella misma sembró en el lugar donde me casé, un casco de hacienda que había sido un centro de estudios de la Universidad de Harvard y que papá había logrado adquirir.

La tercera vez, Gertrude apareció como una amiga de papá. Cuando agonizaba mandó llamarlo y le dijo: «Gustavo, te encargo NaBolom», una asociación dedicada a luchar por la preservación de la selva y el apoyo a sus moradores, los lacandones y que había fundado con su esposo, Franz Bolom. Papá se quedó con esa papa caliente inesperada. Ahora que encontré un manuscrito de su diario entiendo las razones de Gertrude, en cuyas páginas decía: «Ya me siento muy cansada, sólo tengo fe en que Gustavo saque adelante mi proyecto. Adiós, Gustavo, amor mío» ¡Gertrude estuvo enamorada de mi papá!

Afortunadamente, María Luisa, mi hermanita menor, la única intelectual, filósofa y escritora de la familia, adoptó Na-Bolom con enjundia y pasión. Agregó a sus instalaciones, un exconvento jesuita y una casona en el centro de la ciudad que rescataron sus amigos diputados. Convirtió el centro en un verdadero espacio de proyectos de protección ecológica y difusión cultural de los Altos de Chiapas y la selva. Pero María Luisa también murió repentinamente y yo, en mi sempiterna codependencia con esa hermana del alma que tanta falta me hace, caché con mis manos desnudas a NaBolom.

Esta historia viene a colación porque lo que he aprendido en este viaje es importante para todos aquellos emprendedores que me buscan para orientarlos sobre cómo llevar a las organizaciones sin ánimo de lucro a buen destino. Parecería que se ha colado el factor social empresarial al ámbito de emprendimiento y no los culpo. ¡Qué mejor que dedicar nuestra vida a hacer el bien! Pero la confusión está en creer que en el mundo hay mil fondos de asistencia listos para entregar recursos para los emprendedores con causa. No es cierto.

NaBolom nunca ha podido subsistir de donativos. NaBolom, sin fines de lucro, tiene que tener ánimo de lucro. Organiza eventos culturales que cobra al público. Gestiona el museo legado de Bolom y su fototeca legado de Gertrude, y cobra por visita. Opera un modesto hotelito y un comedor, dedicados a la investigación y preservación de la tradición culinaria chiapaneca. Coordina viajes especializados a la selva. Con los recursos obtenidos, NaBolom apoya a los lacandones y a su selva, divirtiéndonos y comprometiéndonos con la ecología del planeta, en el proceso.

La sustentabilidad aplica tanto para empresa social como para una privada. La diferencia entre una empresa privada y una organización de la sociedad civil es en dónde se reinvierten las utilidades. Pero tiene que generarlas. Ser sustentable. Si no hay sustentabilidad no hay futuro.

MENTORES, NO BASTONES

En México seguimos viviendo en un país donde cada 6 años diseñamos los programas que, al menos aparentemente, tienen el propósito de atender el hambre, la educación y la salud de los más necesitados, en lugar de empoderarlos con los medios necesarios para que vuelen por sí mismos. En un extremo de escepticismo, a veces he creído que los gobiernos han dejado a la mayoría de los mexicanos en estado de dependencia total para poder manipularlos.

Todos los mexicanos necesitamos la rectoría y mentoría del Estado para desarrollar nuestras mejores aptitudes y realizar por nosotros mismos nuestros sueños más ambiciosos de realización y crecimiento personal. Necesitamos instituciones que nos brinden el ecosistema para sentirnos seguros en nuestros escalamientos: acceso al conocimiento que fortalezca nuestras decisiones; acceso a sistemas que nos aseguren que estaremos saludables durante nuestro trayecto; acceso a regulación clara, ágil y segura para desarrollar nuestras empresas; acceso a sistemas de justicia que nos garanticen un estado de derecho; acceso a calles y ambientes libres de la violencia que amenaza diariamente nuestra seguridad personal y de nuestras familias y empleados; acceso al crédito y a sistemas de ahorro que nos permitan asignar recursos a lo largo de nuestra vida productiva; acceso a sistemas tributarios justos que nos permitan pagar por el bien común que representa toda esta infraestructura, toda esta red protectora que lo único que hará será dar seguridad en nuestros pasos del incierto escalamiento que iniciamos todos los días que nos levantamos a crear, a forjarnos, a ser independientes y libres protagonistas de nuestra vida. Crear un Estado mentor nos saldría infinitamente más barato que las cantidades de dinero que gastamos en programas sociales e infinitamente más sustentable. Crear sociedades capaces de construir su propio destino.

Ciertamente creemos que somos dueños de nuestro destino y lo somos, pero no en los detalles del *cómo*. Nuestros mentores nos guían a él y los que lo somos tenemos, ahora lo sé, la obligación generosa de encontrar la fortaleza interna y habilidades de nuestros mentorados. En ese sentido, no preguntamos ni pedimos permiso de lo que quieren hacer nuestros pupilos. Y Pedro hizo justamente eso. Y mi papá. Y Papá Fer. Y Don Roberto. Y los banqueros también. Y mis colegas tiburones. Y, ahora, yo también.

#CONSEJO:

Los mentores acortan caminos, te señalan los riesgos, te acompañan hasta la cima. Detéctalos en tu vida, obsérvalos y escúchalos.

HACIA *LA CUMBRE*

A los emprendedores que lamentan cotidianamente la falta de recursos para salir adelante y cumplir sus anhelos más profundos, espero que mi historia los inspire para comprender que el *no hay para eso* es en realidad una pared de humo que nos reta a sacar lo mejor de nuestro ingenio y recursividad para lograr cualquier cosa que nos propongamos. El dinero es sólo uno de los medios para lograr algunos de nuestros sueños. Para mí, su falta ha sido la fuente de creatividad para generar los recursos para escalar mis sueños siempre y cuando mi voluntad y paso sean firmes y disciplinados, aunque no por ello deba dejar de reconocer mi posición privilegiada. Recuerden siempre que ustedes son la medida de sus sueños. Nada más, y nada menos.

La juventud está inversamente relacionada con el tamaño de nuestros sueños;

mientras más jóvenes somos más largo es el horizonte para lograrlos, más fuerte el ímpetu para ir por ellos. Tenemos más espacio para querer llegar al sol, sabiendo que tal vez el viento nos lleve a la luna. Queremos comernos el mundo de un bocado, estamos hambrientos de emociones, sensaciones y logros. La cima de nuestros sueños no alcanza a verse, se pierde en las alturas del tiempo. Con mi historia he tratado de transmitir al joven emprendedor que podría quizás aprender a hacer pausar cotidianamente para medir, prevenir y controlar en la medida de lo posible los riesgos de su escalamiento, para evitar caídas que podrían ser innecesarias.

También mi experiencia de mentora les pide que el conocimiento y la experiencia acompañen sus emprendimientos siempre. Además de los necesarios para desarrollar su producto o servicio, necesitan los básicos para ir midiendo el éxito de sus proyectos a través de indicadores como sus ventas, sus costos, sus utilidades, sus proyecciones, el tamaño estimado de su mercado. Deben ser capaces de plasmarlo de la manera más transparente para sus inversionistas y para ratificar o corregir sus rumbos y estrategias.

En lo concerniente a la experiencia, es clave entender que ésta se adquiere a través de aquellos fracasos útiles que vayan dando callos a sus manos y visión a su mente, pero que también su inevitable incidencia tiene que ponerlos muy atentos a atenderlos cuando se presenten. Sólo la visión y pasión por sus metas harán que la aprovechen a su favor sin ni siquiera resentir el dolor de sus amigos fracasos.

También deben desarrollar la paciencia de moverse en tiempo *kairós*, para evitar los pasos impulsivos de prisa que los haga tropezarse innecesariamente. Eliminará también nuestro deseo innato o pretensión de que somos capaces de controlar el tiempo y la distancia. *Es lo que es y asegurarnos de que estamos dando nuestro mayor esfuerzo* nos mantendrá calmados ante potenciales fuentes de frustración cotidiana.

He tratado de transmitirles mis reflexiones sobre los principios que han hecho posible el éxito de mi propio emprendimiento: la disciplina de moverme siempre en un ambiente de medición, prevención control y atenuamiento de los riesgos económicos que nos acompaña a toda empresa, un gobierno corporativo impecable que minimice el riesgo moral, los medidores de gestión a través del sistema MACRO y el ambiente de innovación que nos da la necesidad de escalar para tener mayor impacto. Espero haberlos inspirado para valorar en lugar de desestimar los consejos de los experimentados. Su mentoría no sólo nos ahorrará kilómetros innecesarios, sino que nos ayuda a escalar sueños más altos y ambiciosos. Ellos con su intuición fabricada con los años descubren en nosotros valores que nosotros mismos no vemos.

A todas las mujeres llenas de ímpetus y ambiciones, a todas esas amazonas dormidas por creencias de que la escasez es su hermana mayor, les he dedicado ratos importantes. He descubierto que mi esencia de mujer me ha dado los instrumentos para catapultar mi poder humano para lograr mis sueños. He revelado para ellas cómo los elementos que creemos que son nuestros detractores son precisamente nuestras fortalezas: nuestra escasez de tiempo nos hace ser más productivas y eficaces en nuestras tareas; nuestro instinto protector y maternal es justamente la fuente más poderosa de nuestra capacidad de líderes de la manada; nuestra femineidad nos pide ser congruentes. Quiero, de manera sorora, inspirarlas a que venzan cualquier miedo, cualquier culpa a realizarse individualmente, porque somos amazonas que hemos probado una y otra vez que somos capaces de realizar epopeyas, porque *mujer* y *fregonería* son una sola palabra, y porque, en nuestros refugios de conmiseración en nuestras caídas, Dios siempre nos patea para arriba.

El aparente ajetreo de nuestra cotidianeidad provoca que se nuble nuestra visión, lo que nos impide ver nuestro hilo conductor, nuestra misión única, imprestable e intransferible. Precisamente por ser ésta tan particular para cada uno de nosotros, no escalar con ella como guía nos merma fuerzas y determinación en nuestros pasos. Ahí está y siempre estará orientando nuestros impulsos y decisiones, pero hacerla consciente nos multiplicará la voluntad para llegar a nuestros destinos. Nos provee de disciplina, tenacidad, enfoque y visión.

Es en parte por esa necesidad de encontrar nuestro hilo conductor que nuestra espiritualidad nunca debe ser escasa. Al hacer inmersión en nosotros encontraremos nuestra misión, la colocaremos como llama de fuego que encienda la pasión de llegar a nuestras cúspides y podremos aplicar a nuestros músculos internos el aceite curativo de nuestros cansancios y nuestras heridas. Les he pasado algunas recetas del cultivo de mi espiritualidad, como son el ejercicio, las artes, las manualidades, y en especial, la naturaleza, que espero ensayen para su beneficio.

En el libro he tratado también de transmitir al lector la dimensión que ha dado a mis sueños el hecho de estar muy consciente del impacto económico y social de nuestra misión individual. De que siempre te irá bien haciendo el bien. Mi formación como economista me ha dado los instrumentos para necesariamente tener los ojos puestos en el ambiente económico en el que he desarrollado mis escalamientos, a manera de clima que necesitamos medir. Pero de manera central ese impacto expresa nuestra trascendencia y legado que dan sentido primordial a nuestra vida.

En mi caso he logrado llevarlo a un destino más seguro tanto conmigo misma y los servicios que ofrezco en Financiera Sustentable a través del concepto de la *sustentabilidad*, concebida como la capacidad de las sociedades y por ende de los individuos de ser sustentables, incluyendo por lo tanto la del planeta. Cada una de nuestras misiones converge en ella,

sin duda. Este ámbito de acción da voz en el libro a mi recomendación a todos los que lo lean, de también asegurarse de
la sustentabilidad de sus emprendimientos para beneficio de
sí mismos y de su legado.

Aquí le paro por el momento. Los veo en nuestra siguiente
cumbre, desde donde estoy segura que los felicitaré por su
éxito logrado.

EL PODER DE LA ESCASEZ

- El acceso limitado a los recursos es una puerta o una barrera. **Deja que la *ley del esfuerzo* detone tu creatividad.**

- Si tu idea es extraordinaria para la sociedad, **el recurso llegará**.

- **Empieza con poquito**. Como si no tuvieras recursos. Si tu idea es extraordinaria para la sociedad, el recurso llegará.

EL PODER DE LA MISIÓN

- El bullying es como el miedo. Te paraliza o te catapulta. **No dejes que te domine**. Úsalo a tu favor.

- Búscate al menos un alma gemela con la química inigualable de intereses y principios comunes; que sea tu compañera de viaje y de sonrisas; que no te deje nunca, ni tú tampoco; **que sea tu mentora a partir del amor y la identificación mutua.**

- **Crea tu proyecto de manera que empodere a tu comunidad**, así ésta desarrollará su potencial y contribuirás a crear un lugar mejor.

EL PODER DE LA FEMENEIDAD

- Cuando reacciones por impulso, revisa qué herida te está lastimando para poder volver a la ecuanimidad. **La conciencia de nuestras**

#CONSEJOS:

heridas nos hace interactuar mejor en cualquier ámbito, incluido el profesional.

- Por más estable que sea tu relación con tu pareja, nunca le entregues a nadie los instrumentos de tu propia felicidad como mujer y ser humano. Desarróllalos tu misma y crece y disfruta tu individualidad en el proceso. Haz del trascender tus creencias de no merecer un motivo de vida. **Mereces lo que te propones.**

- **Nunca permitas ni des pie a que te traten como un objeto decorativo** porque implica aceptar la falta de respeto y te harás cómplice de las agresiones a nuestro género.

- **El tamaño de nuestro sueño debe ser igual al tamaño de nuestra voluntad para lograrlo.**

EL PODER DEL RIESGO

- **El riesgo moral es a veces el más invisible de todos.** Vuélvete un experto en detectarlo, considéralo en cada momento. *Piensa mal y acertarás*, dice el dicho.

- **El capital es la piedra angular de tu negocio,** tanto el monetario como el humano, así que consolídalo sobre una base sólida de principios morales y un equipo fuerte y comprometido.

- **Maneja tus riesgos para evitarte costosas caídas.**

#CONSEJOS

- **Cultiva la visión y la conciencia a propósito**, dentro de ti mismo, meditando, reflexionando al menos media hora diaria, a la hora en que tu mente esté más fresca. ¿Qué ves del mercado dentro de 20 años? ¿Qué signos ves todos los días que amenacen tu negocio? ¿Cómo los vas a manejar? Estudia tus mercados y su desarrollo incansablemente.

EL PODER DEL FRACASO

- No dejes de atender tus necesidades emocionales porque te equivocas si crees que tu negocio las va a satisfacer. **Encuentra los contrapesos que te ayudarán en los ratos difíciles de tu negocio y viceversa.**

- **El gobierno no es un pagador seguro.** Ten cuidado al firmar contratos que rebasen sexenios y vigila los cambios de los funcionarios involucrados en tu proyecto.

- **Fíjate con quién te metes**. Casi siempre vas a necesitar un socio, así que date el tiempo para conocerlo. Es preferible que tardes en arrancar tu proyecto a empezarlo precipitadamente con la persona equivocada.

- Cuando inicies un proyecto, **tu pasión es una condición necesaria, pero no suficiente.** Tienes que tener el conocimiento y experiencia que te permitan desarrollarlo.

- **Busca siempre una caja de resonancia.** Puede ser tu mamá, tu hermano, tu pareja, tu amigo, alguien que te quiera bien y que comparta tu pasión; alguien que no tenga problemas en arriesgarse a analizar tu proyecto y sea un advertidor de riesgo. Escúchalos porque sus comentarios vienen desde su amor por ti.

- **Sé resiliente**; prepárate para recibir sorpresas, malas y buenas. Si algo es absolutamente falso es que las cosas salen como las queremos. Es mejor pensar en lo peor que puede pasar que decepcionarte con cuentas alegres. Así que trata de pensar que es lo que es, haces tu mejor esfuerzo, remontarás esta situación y saldrás fortalecido con sus enseñanzas. Recuerda que el camino del emprendimiento no es lineal.

EL PODER DE LA ESPIRITUALIDAD

- Cuando estés en estrés, en bifurcaciones importantes, **no hay nada como la naturaleza para aconsejarte**. Acude a ella humilde y abiertamente cada vez que puedas.

- **Las pausas, los momentos de asueto, las actividades recreativas dedicadas a la reflexión y al desarrollo de la espiritualidad** clarifican la vista y te dejan ver el bosque.

EL PODER DE LA EXPERIENCIA

- **Toda startup por pequeñas que sea debe empezar con mesura**, ahorrando costos desde el día uno, mostrando su viabilidad con utilidades para poder atraer capital y crédito que ayude a escalar.

- **Toma un curso de análisis financiero**. No te escudes que tú eres el creativo y los creativos no tienen que saber de finanzas. Tienes que entender los números de tu empresa, no solamente contratar a alguien que los lleve. Si no entiendes tus números no entiendes tu empresa y nunca tendrás éxito.

- **La crítica incomoda, duele, golpea nuestro ego y también salva.** Conviértete en un experto en el arte de escuchar y haz de la crítica un hábito. Es el mejor blindaje para tu proyecto.

- Cuando estés en la base evaluando tu escalamiento, **no cometas el error de predecir a qué tiempo llegarás.** Simplemente ármate de toda tu pasión, control interno, y disfruta el tiempo *káiros* al que llegarás.

EL PODER DE LA MENTORÍA

- **Los mentores acortan caminos, te señalan los riesgos, te acompañan hasta la cima.** Detéctalos en tu vida, obsérvalos y escúchalos.

#CONSEJOSPARATRIUNFARENSHARKTANK

Cómo debes ser

- **Sé sustentable.** Tu sueño no puede depender de encontrar donativos, que muchas veces no llegan o de que el gobierno te compre. Por ejemplo, si es una *startup* filantrópica (ayuda a niños con cáncer, desarrollo comunitario), los interesados tienen que aportar aunque sea un peso para gastos de administración que te permitan a ti y a tu empresa ser sustentable. El gobierno, por bien intencionado que sea, no es un cliente homogéneo, las dependencias no dependen de su propio presupuesto y un recorte de un pedido te puede matar. No hay nada que no puedas venderle al Estado que la gente no esté dispuesta a pagar. En una ocasión una pariente mía estaba muy triste porque le habían cortado el presupuesto para un mercado que quería remodelar. Le dije: «Cuánto a que si tu programa es útil para los locatarios, ellos estarán dispuestos a pagarlo, aunque sea con un crédito». Y así fue.

- **Sé apasionado; trabaja tu presencia, tu pitch y tu capacidad de negociación.** Ha pasado que, aunque el producto sea poco atractivo, el brillo de los ojos del participante al hablar de su proyecto enamora, embruja, atrae. Nos baña su entusiasmo, su compromiso con lo que quiere hacer, la resiliencia que se nota que lo vestirá todo el tiempo, su nivel de negociación al defender centavo a centavo su tesoro: su proyecto.

Además, su involucramiento total asegura que conoce sus números.

- **No seas el emprendedor que no escucha, que no baila con nosotros para encontrar un ritmo a donde bailemos con él.** El empecinado en que sólo será exitoso el negocio en la manera en que lo tiene planteado, a pesar de que todos al unísono le estamos dando la pista de que no es por ahí, se quedará en la soberbia.

Lo que debes hacer

- **Lleva ideas de negocio que han surgido para solucionar una necesidad genuina de la sociedad y que tiene una ruta realista para aterrizarla, para acceder al mercado.** Por ejemplo, ha habido de amas de casa que han encontrado en su quehacer una manera de resolver un inconveniente de su día a día, y se ha vuelto su pasión. No propongas más de lo mismo, un producto que ya existe sin un diferenciador.

- **Llega con camino andado.** El emprendedor que ya trae un tramo recorrido solo, que genuinamente necesita capital o experiencia de alguno de nosotros, que ya tiene ventas o un margen de utilidad probado, que sabe a dónde quiere dar el siguiente paso y que ya sabe a quién de nosotros necesita como socio; a ese emprendedor no lo dejamos ir con las manos vacías.

Lo que no debes hacer

- **No plantees negocios que no resuenan con la ética de tu inversor o que plantea algo contrario a la sociedad ideal que buscamos.** Por ejemplo, una chica lucraba al hacer las tareas de los estudiantes, un emprendedor que no estaba comprometido con su negocio a largo plazo y desde un principio nos planteó una ruta para vender y abandonar su emprendimiento, o la señora que buscaba entretenerse porque sus hijos ya no estaban en casa.

- **No tener un producto comprobado.** Un producto es una hipótesis probada —aunque sea parcialmente— de que la gente lo comprará y de que tiene una utilidad diferenciada. Si tienes un gusto por algo o la solución a una necesidad propia y crees que solucionarlo va a ser una fuente de emprendimiento, primero prueba en varias ocasiones que efectivamente ese problema es general. Nos han llegado emprendedores que creen que va a venderse su producto porque les gusta a ellos en lo personal, se lanzan e invierten sólo para descubrir que su necesidad es muy particular. Un producto tiene que ser multiplicable a partir de la demanda de la gente, no nada más porque nos guste a nosotros. También aterrizable, no estar aún en el olimpo del sueño.

#CONSEJOS

#CONSEJOS:

#CONSEJOEXTRA:

¡Cuántas veces me han dicho: «Tengo 100 000 pesos ahorrados, ¿en qué se le ocurre que puedo emprender?»!

No emprendas por emprender; emprende con pasión. Si no tienes una pasión por desarrollar algo, no trates de encontrar qué vender por el solo hecho de que hay que emprender en algo. Un emprendedor que descubre su pasión a partir de ese momento va por ella se vuelve profundamente recursivo, creativo, le prueba por aquí y por allá y algún día lo encuentras exitoso, con la satisfacción de haber remontado los primeros obstáculos. Si de por sí nos caemos y nos caemos, sólo la pasión nos hace levantarnos.

1.
EL PODER
DE LA
ESCASEZ

El triciclo que nos regaló
nuestro Mago de Oz de Inglaterra.

Comitán.

En la palmera del caracolicidio.

La casa que fue mi ombligo hoy es un museo.

Bordé las siglas del nombre de
mi abuela como regalo de su
cumpleaños.

Mis hermanas y yo partimos de mi casa
en Norwich a nuestra aventura europea
en el Mazda rojo y su remolque junto
con la tía Jose que nos financió tan
maravilloso viaje.

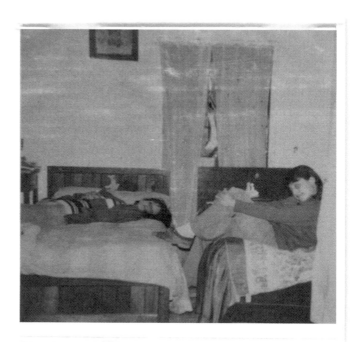

La bodega de abuelita que nos albergó
tras nuestra huida de Comitán.

Vacaciones de campamento
en la selva Lacandona.

El jardín que nos fabricamos mientras Juliana comía tierra.

2.
EL PODER
DE LA
MISIÓN

«Nunca más», me dije en ese parque
y nunca más fui la misma.

La bikina.

¿Cú si a´bi?, ¿cú she elan?

Paty preciosa:

Este sábado primero de agosto de 1981 me he levantado temprano, como mal acostumbro, y he visto amanecer. El sol sale puntual de entre los cerros de San Cristóbal y el cielo se presenta despejado y abierto, prometiendo un buen día.

Imagino que la casa de Don Gustavo, ahora a las siete, se empieza a alborotar. Tus hermanas, inusitadamente, se caen de la cama y trajinan nerviosas e inminentes, mientras doña María Luisa de un lado a otro reparte sus milagros como si fueran pan.

Eres parte de una hermosa familia. Llévatela a Colombia. Llévate tu cama. Tu casa, las paredes, los cerros. Pon en una maleta tus problemas, tus cóleras, tus afanes, tus sueños. Y no te olvides de llevarte a ti.

Este no es, de ningún modo, el día más feliz. El día más feliz es siempre el de mañana.

Elegiste a Fernando, y este barbón inédito se me hace sospechoso de quererte. Tendrá que competir muy duro con nuestro amor abierto y agresivo. Nosotros somos la costumbre.

Que les vaya bien, Patricia. Que haya gozo y reposo, guerra constante, intolerancia y concordia. El matrimonio, después de todo, es la aventura del agua en un túnel que tal vez tenga salida.

No se te olvide, por último, que a unas cuantas horas de Bogotá está Chiapas: aquí tienes huestes decididas a las bendiciones... o al rescate.

Jaime

"Aquí tienes huestes decididas a las bendiciones o al rescate", Jaime Sabines.

La aionimorfosis me llevó hasta Perú y, sin querer, me hizo conocerme más a mí misma.

No tocaba ni la puerta, pero por entrar a Wolfson hasta me creé una banda.

Dos años después de fingir ser la señora Hinestrosa, me convertí en ella.

Sólo florece el desarrollo de la microempresa rural cuando los esfuerzos empoderan a la comunidad.

3.
EL PODER
DE LA
FEMINEIDAD

Dar vida conecta a las generaciones, nos encuentra como madres, nos avoca a proteger a los nuestros.

El doctorado en Columbia fue el detonante de mi capacidad multitasking, la cual se volvería una de mis fortalezas.

Una y otra vez se repetiría esta foto a lo largo de mi vida: la única amazona.

«Patricia Armendáriz es la única mexicana que tiene en sus manos el poder para cambiar la estructura financiera del país» dijo Gabriela Aguilar en su artículo «Las 12 mujeres más influyentes», publicado en Milenio en 1998.

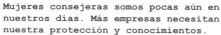

Mujeres consejeras somos pocas aún en nuestros días. Más empresas necesitan nuestra protección y conocimientos.

Aceptar mi femineidad en el ámbito profesional me ha hecho protectora de los míos y de mis proyectos, lo que otros ven en mí como liderazgo nato. Sin embargo, hoy he encontrado mi trinchera para apoyar a la base de la pirámide en Financiera Sustentable.

Alejandra Cullen.

Aurora Cervantes.

Carmen Parra.

Cheli Bujaidar, Alejandra Cullen y
Alicia Salgado.

Martha Elena Zúñiga.

Martha Mijangos.

Isabel Guerrero.

Mi hermana, María Luisa Armendáriz.

Una amazona es alguien que corre contigo, que se la rifa contigo, una valquiria de Wagner.

Victoria Klein.

Adalberto Palma, el ejemplo del
valor que tiene un *amazono* en la
vida profesional de una mujer.

4.
EL PODER DEL RIESGO

SANEAR, MENOS COSTOSO

LA COMISIÓN BANCARIA ASEGURA QUE HABER INTERVENIDO A SERFIN EN 1995 LE HABRÍA COSTADO TRES VECES MÁS AL CONTRIBUYENTE...

POR ADOLFO ORTEGA Y ALEJANDRO ASCENCIO

A salvo de problemas de liquidez, los grandes bancos mexicanos: CNBV

☐ *Aumentar el capital no puede lograrse por decreto: Patricia Armedáriz*

■ Tarde o temprano surgirá otra crisis en el mundo

■ Pagan contribuyentes por malos deudores bancarios

Alicia Salgado

Ninguna de las instituciones bancarias sobrevivientes de la crisis como Banamex, Bancomer, Bital, Banco Bilbao Vizcaya, Banorte o Santander tiene problemas de liquidez, de solvencia o se verá inmersa en ellos por la aplicación de las nuevas reglas de capital emitidas en México, afirmó la vicepresidenta de supervisión integral de la Comisión Nacional Bancaria y de Valores (CNBV), Patricia Armendáriz.

En entrevista con EL FINANCIERO, concedida a unos días de dejar su cargo en México para ocupar el de directora general adjunta del Instituto de Estabi...

Armendáriz, nuevas responsabilidades. (Fotos: Cecilia Candelaria / Archivo

Marco legal, la gran debilidad de México

■ La banca nacional dejó de ser factor de desequilibrio: Armendáriz (CNBV)

■ Anticipa una crisis financiera global por la falta de liquidez en el mundo

Alicia Salgado

Patricia Armendáriz está convencida de que la banca mexicana ya no será factor de desequilibrio financiero, aun cuando en todo el mundo hay un grave problema de liquidez "que tarde o temprano" provocará una crisis.

Advierte que la gran debilidad en nuestro país es el marco legal.

La vicepresidenta de Supervisión de la Comisión Nacional Bancaria y de Valores, en entrevista con EL FINANCIERO, hace un recuento de su gestión antes y después del *crack* bancario, del res... y de su traslado al Banco Internacional de Pagos.

Patricia Armendáriz

No hay malos deudores.- CNBV

Por Mayela Vázquez

NO EXISTEN MALOS DEUDORES EN EL SENTIDO amplio, existen contratos imperfectos y mal diseñados, afirmó ayer Patricia Armendáriz, vicepresidenta de supervisión integral de la Comisión Nacional Bancaria y de Valores (CNBV).

De ahí, que sea obligación de los intermediarios el establecer las mejores prácticas y estándares de riesgo en materia crediticia, puntualizó durante su participación en el seminario "Derivados y Manejo de Riesgo en México", organizado por el BID y la International Swaps and Derivates As...

centro del negocio bancario, ya que afecta directamente la estabilidad de las instituciones y su rentabilidad en términos de activos.

Informó que hacia finales de año, la CNBV habrá definido los lineamientos de la nueva metodología de calificación de cartera, a la que tendrán que sujetarse los bancos.

Esta incluirá un sistema de calificación múltiple, es decir, se asigna el precio conforme el riesgo asumido, estableciendo el capital por áreas de negocio y provisionamiento.

A fin de minimizar el riesgo crediticio e incrementar las utilidades esperadas por parte de los intermediarios, la autoridad alentará el ... derivados crediti...

tilización de activos.

Los derivados crediticios, sus "total return swaps", permitirán a ... las instituciones bancarias diversi ... quen sus carteras, que regularmente concentran por sectores incrementa ... do la exposición al riesgo.

"Ningún intermediario nos ha ... citado todavía autorización para ha ... uso de ellos. Pero como Comisión ... remos impulsarlos, porque brin ... mucha liquidez al mercado"

Al referirse a la bursatilización ... tivos, la funcionaria destacó que ... principales obstáculos son de orden ... gal, básicamente en la parte hipote ... ria pues se requieren modificacion ... los Códigos Civiles y de Procedimie ... Civiles en cada estado.

Confirmó las n ...
van a cabo e ...
de Nuevo ...

El fraude, invisible hasta para la más estricta supervisión del mundo

Alicia Salgado

LA SOLA SUPERVISIÓN DE LA Comisión Nacional Bancaria y de Valores (CNBV) no puede pretender o descubrir la comisión de fraudes en el sistema bancario.

VALORES Y DINERO

61

La Dama de Hierro del sector financiero

La CNBV no es paternalista: Armendáriz

Preocupa deuda de estados

Urge la CNBV a reformar leyes para evitar que los gobiernos estatales se endeuden riesgosamente

Por Carmen Alvarez

"Los bancos están haciendo un monitoreo claro de los estados que más tienen problemas con la aplicación de leyes para la recuperación de los créditos y están poniéndoles una especie de focos amarillos a los que no cooperan"

Patricia Armendáriz
Vicepresidente de la CNBV

Mejorará la CNBV capacitación técnica de supervisores

Recibe US8 millones del BID

Una banca que no midió los riesgos, una banca que sufrió junto con todo un país, hoy es una banca fuerte que ha sostenido a México en la más reciente crisis.

Patricia Armendáriz, *directora delegada del BPI*

Urgen reformas para los bancos

Recomienda el
Banco de Pagos
Internacionales
fortalecer la

un consenso generalizado que ya no
basta con la estabilidad macroeconómi-
ca, la disciplina fiscal y monetaria para
garantizar el crecimiento, sino enfrentar tres 'graves problemas': una debilidad institucional muy importante, un
desigualdad severa de carácter social

● Patricia Armendáriz,
dejará la vicepresidencia de la
Comisión Nacional Bancaria
para ocupar un cargo
en el Banco Internacional
de Pagos, en Suiza.

Me metí las reglas de Basilea hasta
lo más profundo de mí y con ellas
desarrollé un olfato especializado
en el riesgo que no sólo me hace
percibirlo antes de que se manifieste,
sino que me ha vuelto una estratega
en su gestión.

Los niños MACRO.

5.
EL PODER
DEL
FRACASO

Sólo llegué a comprender completamente a la base de la pirámide
mexicana y la profundidad de la corrupción en México
en mi intento fallido de carrera electoral.

La dirección general de Banorte era mi sueño, pero el despido por parte de Don Roberto, aunque doloroso, me permitió cumplir mi misión: un banco para pobres en mis propios términos.

6.
EL PODER
DE LA
ESPIRITUALIDAD

Hacer pausas y dejarse abrazar por Mr. Ocean y Mr. Sun puede ser la mejor alternativa para enfrentar los problemas.

Al ritmo de mis pies, mis ideas vuelan hasta acomodarse en su sitio: en la meta.

No sé si esta foto le hace justicia
a la profundidad del alma de
mi abuela, la forjadora de mi
espiritualidad.

7.
EL PODER
DE LA
EXPERIENCIA

El *opus* de mi vida es
Financiera Sustentable.

Limpiamos el aire de la CDMX y hacemos realidad un transporte público responsable.

Una vivienda digna para la base de la pirámide no es sólo necesaria, sino urgente.

8.
EL PODER
DE LA
MENTORÍA

Mi padre, mi más grande mentor y ejemplo de responsabilidad y exigencia.

Mis guías: mi padre, Pedro Aspe, Don Roberto, don Fernando, Ned Phelps y mis hijas.

Dije sí a participar en Shark Tank para dar voz a las empresarias mexicanas sin saber que me permitiría trascender mi experiencia hacia cientos de jóvenes que hoy construyen México.

Con cada mordida, obtengo una oportunidad para apoyar
al emprendimiento nacional y a mi país.

NaBolom, donde he ampliado mis horizontes sobre el
cuidado del planeta, defendiendo la selva y a sus
habitantes.

LÍNEA
DEL TIEMPO

1955

Nací en Comitán.

1968

Me mudé a San Cristóbal de las Casas para continuar mis estudios de preparatoria.

1970

Me mudé a la Ciudad de México a estudiar Actuaría en la UNAM.

1974

Terminé mi carrera y me fui a Tenejapa a levantar datos para mi tesis.

1975

Me fui a Perú a hacer mi tesis y luego a viajar por Sudamérica.

1976

Entré a trabajar al Centro de Investigaciones de Desarrollo Rural.

1978

Me fui a Inglaterra a estudiar la maestría en Economía.

1980

Regresé a trabajar al lado de mi papá en el Programa de Desarrollo Socioeconómico de los Altos de Chiapas.

1981

Me casé y me fui a vivir a Colombia.

Inicié mi doctorado en Columbia.

1984

Nos fuimos a vivir a Nueva York.

1982

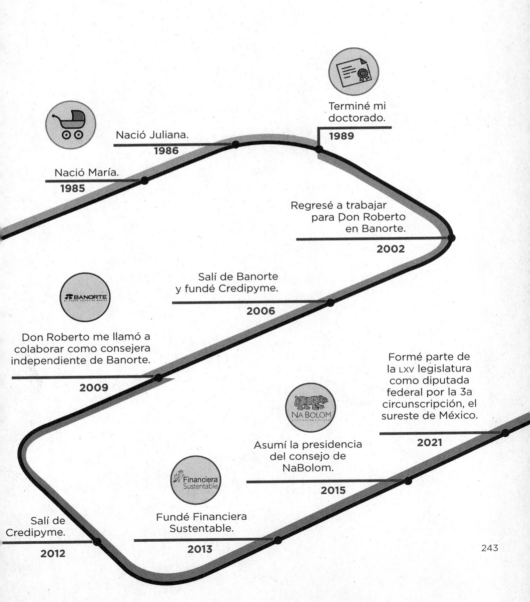

Terminé mi doctorado.
1989

Nació Juliana.
1986

Nació María.
1985

Regresé a trabajar para Don Roberto en Banorte.
2002

Salí de Banorte y fundé Credipyme.
2006

Don Roberto me llamó a colaborar como consejera independiente de Banorte.
2009

Formé parte de la LXV legislatura como diputada federal por la 3a circunscripción, el sureste de México.
2021

Asumí la presidencia del consejo de NaBolom.
2015

Salí de Credipyme.
2012

Fundé Financiera Sustentable.
2013

243

AGRADECIMIENTOS

A Isabel Guerrero, por echarme porras para escribir este libro y por ayudarme a ver a dónde está lo importante de mi experiencia a transmitir.

A Ana María Bermúdez, por haberme dado la oportunidad de escribir este libro, pero, sobre todo, por darle forma, por su mentoría para dejar más claros y organizados mis conceptos y por su insistencia incansable en dejar claras las lecciones de mis experiencias para todas y todos los alpinistas de sueños.

TUS **CONCLUSIONES**

....

....

....

....

....

....

....

....

....

....

....

Me gustaría escuchar tu opinión y tus ideas.
Escríbeme a mis redes sociales:

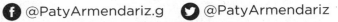 @PatyArmendariz.g    @PatyArmendariz

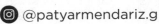 @patyarmendariz.g    Patricia Armendáriz

Alpinista de sueños de Patricia Armendáriz
se terminó de imprimir en octubre de 2021
en los talleres de
Litográfica Ingramex, S.A. de C.V.
Centeno 162-1, Col. Granjas Esmeralda, C.P. 09810
Ciudad de México.